A LA COUR

DE MADAGASCAR

MAGIE ET DIPLOMATIE

MARIUS CAZENEUVE.

A LA COUR
DE MADAGASCAR

MAGIE ET DIPLOMATIE

PAR

Marius CAZENEUVE

MÉDECIN ET CONSEILLER INTIME DE LA REINE DE MADAGASCAR
RANAVALO MANJAKA

PARIS

LIBRAIRIE CH. DELAGRAVE

15, RUE SOUFFLOT, 15

1896

A LA COUR DE MADAGASCAR

I

Le 11 octobre 1886, un violent incendie éclatait
à Tananarive. Un pareil événement n'avait pas de quoi
surprendre dans une ville bâtie en bois, et où la plupart des maisons sont couvertes de chaume ou de pail-
lotte, et en effet il y est assez commun. Selon leur
habitude, les habitants ne faisaient rien pour combattre
les progrès du feu : les Malgaches, comme presque
tous les peuples africains ou de l'Orient, sont très
superstitieux, et il ne leur vient pas à l'esprit de s'opposer à ce qu'ils regardent comme la manifestation
d'un pouvoir supérieur. Ils n'ont d'autre pensée que
de fuir pour se soustraire au fléau. A peine secouent-
ils dans la direction du brasier quelques longues
feuilles vertes de palmier ou les branches humides de

l'arbre du voyageur. Mais si les tiges de cette dernière et précieuse plante contiennent une quantité
d'eau capable de rendre la vigueur au pauvre pèlerin,
épuisé de fatigue et de soif, cette quantité est tout à
fait insuffisante pour éteindre un incendie. Aussi ceux
qui se livrent à cette démonstration n'ont-ils d'autre
but, en agitant leur goupillon vert, que de conjurer
les mauvais esprits. Il faut croire que ce moyen
est impuissant à les vaincre ou même à les apaiser
car, habituellement, les flammes continuent leurs
ravages, jusqu'à ce que quelque circonstance imprévue, un changement de vent, un orage qui éclate tout
à coup, vienne y mettre fin.

Il en était, ce 11 octobre, comme dans les occasions du même genre ; le feu s'était déclaré dans
une maison moitié bois, moitié briques crues, couverte de chaume, et le vent, très violent, l'avait propagé avec une telle rapidité que tout un quartier de la
ville était menacé de destruction. Des flammes de
toutes couleurs escaladaient les toits en pente rapide
des maisons, grimpaient jusqu'au faîte et éclataient
en feu d'artifice, en dispersant de tous côtés des étincelles. De longues langues brillantes venaient lécher
les murailles, qui s'écroulaient avec fracas. Une maison
ici ou là semblait avoir échappé à l'embrasement : tout
à coup une gerbe de feu s'élançait des combles,
faisant sauter le toit et prenait aussitôt de gigantesques proportions.

Le ciel s'éclairait de lueurs sanglantes comme celles

qu'y aurait répandues une superbe aurore boréale. Ces lueurs se réflétaient dans la plaine immense au-dessous de laquelle Tananarive élève sa multitude de maisons qui ont l'air de vouloir grimper à l'assaut l'une de l'autre, et qui dressent vers le firmament les poutres croisées de leurs pignons. L'Ikopa, qui promène ses eaux agitées au milieu de vastes rizières, se teignait de rose, donnant au paysage quelque chose de fantastique.

Combattre un incendie qui trouve si facilement des aliments, quand on n'a ni pompe, ni même des gens de bonne volonté pour faire la chaîne et jeter de l'eau sur le foyer, il n'y faut pas penser; tout ce qu'on pouvait espérer, c'était de restreindre les conséquences du sinistre en faisant la part du feu.

C'est ce qu'essayèrent de faire un voyageur, arrivé de la veille avec son secrétaire, et un jeune ingénieur, attaché à la Résidence générale de France, M. Rigaud. Ils s'armèrent qui d'une hache, qui d'une barre de fer, qui d'une longue perche à laquelle on avait attaché un grappin improvisé. Après beaucoup d'efforts, abattant ici un pan de muraille, coupant là une poutre, jetant par terre une barrière, ils parvinrent, non sans recevoir chacun quelques blessures assez graves, à circonscrire le foyer de l'incendie et à préserver tout le quartier menacé.

Du haut de son palais, aux trois rangées d'arcades élancées, la reine, la tête protégée par le parasol rouge à boule d'or, signe du rang suprême, contemplait ce spectacle qui n'était que trop familier à ses yeux.

Tout à coup, elle remarqua une ombre noire, allant et venant au milieu du brasier, et se détachant sur un fond lumineux.

— Quel est donc ce petit diable qui court dans la flamme ? s'écria-t-elle, frappée de surprise.

Ce « petit diable », c'était moi.

II

Trois mois auparavant, je me reposais à la Réunion d'un voyage autour du monde (le quatrième), quand je reçus une lettre ainsi conçue de M. Joël Le Savoureux, vice-résident français à Tamatave :

« Vohémar, 29 juin 1886.

» Monsieur,

» Conformément à ma promesse, je vous ai écrit de Madagascar; mais, contrairement à mon attente, je ne suis pas monté à Tananarive; je n'ai donc pu entretenir M. le Résident général de votre intéressant et patriotique projet.

» Je suis à Vohémar pour une quinzaine de jours; je monterai prochainement à la capitale; mais ne sera-t-il pas trop tard? Serez-vous encore dans l'Océan Indien? Ecrivez-moi à Tamatave.

» Agréez, etc.

» Joël Le Savoureux,
» *Vice-Résident à Madagascar.* »

Ces mots « votre projet » s'appliquaient à un dessein que j'avais formé et au sujet duquel je m'étais ouvert à M. Joël Le Savoureux, qui devait, ainsi qu'il le faisait entendre dans sa lettre, en parler à notre résident général, M. Le Myre de Vilers.

Sachant que la reine aimait tout ce qui a rapport à la magie, j'avais pensé que, à l'aide de mon habileté de prestidigitateur, habileté au sujet de laquelle je n'ai pas à faire de modestie puisqu'elle a été mainte fois constatée et qu'elle m'a valu l'honneur d'être appelé à faire des conférences en Sorbonne, j'avais pensé, dis-je, que je pourrais agir sur l'esprit de Sa Majesté et la disposer favorablement pour la France. Inutile de dire que je n'avais là d'autre but que le bien de mon pays, et qu'il ne fallait pas une moindre considération que celle-là pour me décider à entreprendre un voyage aussi coûteux que fatigant, rien ne me garantissant que je dusse être remboursé des frais considérables qu'il devait entraîner.

Sur l'invitation de M. Joël Le Savoureux, je me décidai à m'embarquer pour Tamatave, où j'arrivai, accompagné de mon secrétaire, M. Pappasogly, et d'un domestique.

Je dois dire que ce dernier ne resta pas longtemps à mon service ; à peine débarqué à Tamatave, je m'aperçus que mon drôle me volait outrageusement, non mon argent, ce que je lui aurais peut-être pardonné, mais une chose infiniment plus précieuse là-bas, mon vin, dont je n'avais qu'une petite provision, destinée

surtout aux cas de maladie et que j'avais grand soin de
ne pas prodiguer inutilement. De plus, monsieur
faisait le joli cœur avec les demoiselles malgaches, ce
qui ne me convenait pas davantage. A peine arrivé
donc, je le fis rembarquer . . . pour une destination
inconnue.

M. Gaudelette, qui commande aujourd'hui la Garde
républicaine de Paris, commandait alors la gendarmerie de toute l'île. Il vint au-devant de moi, au
sortir du bateau, pour me souhaiter la bienvenue,
ainsi que M. Buchard, lieutenant de vaisseau, vice-
résident à Tananarive, et que je connaissais de
longue date. M. Buchard avait été chargé, par le
Résident général, d'une mission qui avait trait aux
travaux à exécuter dans le port de Diego-Suarez, pour
la délimitation du territoire, d'après les conventions
établies par le traité signé le 17 décembre 1885, entre
le gouvernement français et le gouvernement hova.

M. Buchard me fit le meilleur accueil et m'invita
à dîner.

De son côté M. Gaudelette m'avait présenté à la
princesse Juliette, ancienne reine des Sakalaves, dont
Mᵐᵉ Pfeiffer, la célèbre voyageuse, parle longuement
dans son voyage à Madagascar, sous le nom de
Mˡˡᵉ Julie.

Cette princesse avait été détrônée par le chef hova
Rainilaïarivony, alors et aujourd'hui encore Premier
Ministre et mari de la reine. Elle était déjà très âgée
quand je la vis et j'ai eu, il y a quelque temps, le regret

d'apprendre sa mort. Qu'on se figure Alexandre Dumas père en femme; mais plus grosse encore, une mastodonte qui pouvait à peine se mouvoir. Cela ne l'empêchait pas d'avoir beaucoup de gaieté, de vivacité et d'esprit. Elle avait été élevée à Bourbon et parlait parfaitement le français. De plus, catholique très fervente, elle n'aurait jamais manqué ni la messe ni un office.

Dès qu'elle m'aperçut, elle s'écria de sa bonne grosse voix réjouie :

— Champagne ! Champagne et Ve Clicquot !

Car, à Madagascar comme dans tous les pays étrangers, le champagne joue toujours un très grand rôle ; on prétend même qu'il est des villes où on en boit plus qu'il ne s'en fabrique en France.

Du reste les frères Bontemps, négociants français établis à Tamatave, où ils ont fondé une importante maison de commerce, s'efforcent, avec le patriotisme le plus absolu, d'introduire dans l'île nos produits nationaux et principalement nos vins les plus renommés.

Même, afin d'encourager ceux des Malgaches à qui leur fortune permet d'en faire usage, ils ont imaginé de le leur présenter sous l'égide de la reine en faisant décorer leurs bouteilles d'un portrait de Sa Majesté, plus ou moins ressemblant ; aussi n'y a-t-il pas de repas un peu recherché à Tamatave ou à Tananarive, qu'il n'y figure du vin de Champagne Ranavalo III.

III

Quelques jours après mon arrivée, pour satisfaire au désir de M. Buchard, je donnai une séance de magie et de prestidigitation à ses invités.

Ne trouvant pas de local à ma convenance, je m'installai dans un hangar; une planche, posée sur des tréteaux, devait me fournir une table. On y étendit un tapis, prêté par la princesse Juliette.

M. Buchard avait invité Rainidryamanpandry (ces noms malgaches sont terribles), aujourd'hui gouverneur de Tamatave et commandant alors le camp de Souadiram, situé à quelques kilomètres de là, ainsi que quelques officiers de son armée.

Je n'étais pas fâché de cette occasion de donner un échantillon de mes talents devant ces personnages ; c'était le meilleur moyen pour que la connaissance en parvînt aux oreilles de la reine.

1.

Ne voulant pas déballer les grosses pièces mécaniques, les instruments enfermés dans mes malles,
et désirant en outre augmenter mon prestige en con-
servant mes expériences les plus extraordinaires pour
le jour où je serais, comme je l'espérais, admis devant
Sa Majesté, je me contentai de faire quelques exercices
qui ne demandaient pas un grand déploiement d'appareil, exercices qui, pour faire moins d'effet, ne sont
pas les moins appréciés des vrais amateurs, et qui,
dans le cas présent, devaient être suffisants pour me
donner un grand renom d'habileté.

J'avais pris dans ma poche un jeu de cartes; je
priai plusieurs de ces messieurs de vouloir bien en
penser chacun une; ils furent dans la stupéfaction
quand, sans avoir seulement touché au jeu, je pus leur
nommer l'une après l'autre les cartes qu'ils avaient
choisies et que je tirai, l'une de dessous le tapis, où
pourtant il était difficile que je l'eusse mise, l'autre
de la poche de M. Buchard, l'autre de la mienne,
une quatrième du fichu de la princesse Juliette, à qui
cette découverte fit pousser des éclats de rire formi-
dables. La carte du gouverneur n'avait pas paru.
Je la lui nommai néanmoins. C'était le valet de trèfle
(l'officier de trèfle, comme il disait). Je lui demandai
où il voulait que cette carte se trouvât.

Il jeta les yeux autour de lui.

— Là, dit-il, en désignant une des bougies qui
brûlaient dans un candélabre posé sur la table.

Il me regardait avec malice, croyant m'embarrasser.

On devine sa surprise quand, la bougie ayant été enlevée et brisée, on en retira le valet en question.

Son étonnement aussi bien que celui des spectateurs n'avait rien que de bien naturel, si l'on réfléchit qu'ils n'avaient jamais entendu parler de suggestion ou de magnétisme, et ne pouvaient, par conséquent, deviner que je leur imposais ma volonté. Ma divination devait leur sembler tenir de la sorcellerie.

Or les sorciers ne sont pas traités avec indulgence à Madagascar; on les invite à boire le tanghin, un poison qui tue instantanément, ou bien ils sont précipités d'une sorte de roche tarpéienne appelée Ampamarinana, située à Tananarive; le souverain s'empare de leur fortune, et sa femme ainsi que ses enfants deviennent esclaves.

Quelque surprise que je causasse à mes spectateurs, ils ne semblaient pas disposés à user envers moi de ce traitement cruel, et je continuai sans inquiétude la série de mes expériences.

J'arpentais depuis quelques instants le salon servant de salle de spectacle, mon menton dans la main et le caressant d'un air assez perplexe; je m'approchai de M. Buchard, comme étant le maître de la maison :

— Vraiment, dis-je, avec hésitation et embarras, je ne sais comment m'excuser, mais je m'aperçois que j'ai commis une extrême inconvenance. Je me suis présenté ici sans avoir pris la peine de me raser. Je ne sais vraiment comment j'ai pu me laisser aller à un pareil oubli. Mais il y a ici tout près un barbier ; ordonnez, s'il vous plaît, qu'on l'envoie chercher ; Ces messieurs voudront bien m'excuser si je fais ma barbe devant eux.

L'interprète ayant traduit ces paroles, la réponse ne se fit pas attendre.

— Oui, oui, que le barbier vienne, fut-il répondu à l'unanimité : on pressentait qu'il y avait quelque chose là-dessous.

Quelques instants après, le personnage attendu faisait son entrée dans la salle, muni de tout ce qu'il lui fallait pour exercer son art, c'est-à-dire : un plat à barbe, un blaireau, du savon, de l'eau, etc. C'était un compatriote dont j'avais, le matin même, admiré l'agilité à manier le rasoir, lui ayant déjà confié mon menton, et je l'avais prévenu, non pas qu'il eût à me servir de compère, je n'en avais pas besoin, mais qu'il se tînt prêt à me faire la barbe quand je l'enverrais chercher.

Il regarda avec étonnement autour de lui en entrant, n'étant pas habitué à procéder en si nombreuse et surtout en si brillante société. Croyant s'être trompé, il allait se retirer fort penaud, lorsque, prenant une chaise, m'y installant et nouant la serviette autour de mon cou, je lui dis :

— Allons, commence, et tâche de ne pas me couper !

— Mais je vous ai déjà rasé ce matin, me dit-il.

— Possible, mais il faut croire que tu ne t'y es pas bien pris : regarde plutôt.

— Il n'y paraît pas, s'écria-t-il saisi d'étonnement à la vue de mon menton tout noir et en jetant les bras en l'air. Je n'ai jamais vu de barbe pousser si vite.

— Laisse là tes réflexions, mon ami, et dépêche-toi de te mettre à l'ouvrage ; il ne faut pas faire attendre ces messieurs : ce sont gens d'importance.

En deux ou trois coups de rasoir il eut fini.

— Mon garçon, dis-je, en passant la main sur ma joue droite, c'est fort bien par ici ; mais par là ?

Et je montrai ma joue gauche.

— Je croyais pourtant avoir rasé les deux côtés, murmura l'artiste un peu interloqué. Il paraît que je me suis trompé,

Et il se remit au travail.

— Voilà qui est fait ! dit-il au bout d'un instant.

— Comment ! repris-je, fait ? vous voyez bien que non.

Une barbe épaisse couvrait ma joue droite.

Le pauvre garçon me regarda d'un air ahuri.

Pour le coup, il était bien sûr, disait-il, de m'avoir rasé des deux côtés.

Rainidryamanpandry s'était approché ainsi que M. Buchard et quelques autres spectateurs, pour suivre l'opération de plus près. Même la princesse Juliette avait roulé jusque-là sa massive personne et riait de tout son cœur de l'air du pauvre barbier qui ne comprenait rien à ce qu'il voyait.

Elle n'y comprenait rien non plus, de même que tous ceux qui se trouvaient là ; mais cela ne les empêchait pas, les uns et les autres, d'admirer la rapidité avec laquelle le poil poussait sur ma joue, et de s'en amuser fort.

— Ça va comme par le télégraphe! dit l'énorme princesse.

Le barbier était parvenu, en s'y reprenant une demi-douzaine de fois, à raser les deux côtés de ma figure.

— Puisque vous parlez de télégraphe, princesse, dis-je, voulez-vous que je vous enseigne la manière d'en établir un à très bon marché, en attendant celui qui est projeté entre Tamatave et Tananarive ? Désirez-vous savoir des nouvelles des amis que vous avez là-haut, à la Capitale ?

— Non ; j'aimerais mieux en avoir de ceux de Bourbon.

On se rappelle que la princesse y avait été élevée ; elle y était retournée plusieurs fois depuis, avant que sa corpulence l'empêchât de se mouvoir, et elle y avait conservé des relations qu'elle aimait à entretenir.

— A vos souhaits ! dis-je.

Je demandai un verre à pied en cristal, afin qu'on pût s'assurer qu'il n'y avait pas de supercherie dans ce que j'allais faire, et, le donnant à tenir à la princesse, j'y fis entrer une pelote de laine tricolore — les souvenirs de la patrie ne me quittant jamais — que je pris dans ma poche.

Je tirai alors le bout de la laine qui se trouvait par-dessus et je le mis entre les mains de la princesse en lui disant de l'approcher de sa bouche, de pousser le cri : Hallô ! hallô ! et de faire ensuite sa demande.

— Hallô ! hallô ! répéta la bonne grosse personne
d'une voix telle que les murailles du hangar en trem-
blèrent : Hallô ! hallô !

— Maintenant, le nom et l'adresse de la personne
avec laquelle vous désirez entrer en communication.

— Le nom ? M. Lacour ; l'adresse, rue de Paris, à
Bourbon.

— C'est bien. — Dites maintenant ce que vous voulez savoir, repris-je.

— Je veux savoir, poursuivit la princesse, toujours
l'extrémité de la pelote de laine près des lèvres, si le
petit enfant qu'attendait M. Lacour est venu au monde
et si c'est un garçon ou une fille.

— C'est tout ? bon ! maintenant déroulons le câble.

Et je me mis à dévider la laine, la pelotonnant à
mesure sur mes doigts, pendant que tous suivaient
mon opération avec attention, sans me quitter un instant des yeux.

— Si l'un de ces messieurs veut bien dévider à son
tour... dis-je.

Et je remis la pelote à l'une des dix paires de mains
qui se tendirent pour la recevoir.

— Au bout de quelques instants on commença à voir
apparaître un petit bout de papier de la couleur habituellement employée pour les dépêches ; mais qu'est-
ce qui empêche qu'on dévide de la laine sur un papier
bleu ? L'officier qui la déroulait pelotait avec ardeur ;
il avait hâte, comme tous les spectateurs, de voir si

réellement ce papier était un télégramme. Il faut croire que c'en était un en effet, car, la princesse Juliette l'ayant déplié, on put lire ces mots, imprimés à la manière habituelle : — La Réunion — Saint-Denis, 9 h. 45 du soir.

« Père depuis ce matin — Garçon — La mère et l'enfant se portent bien. Signé : Lacour. »

Par le plus grand des hasards, il se trouva que l'enfant que ce M. Lacour attendait, et qui vint au monde en effet vers cette époque, était précisément un garçon, de sorte que la bonne princesse ne sut jamais si le télégramme lui arrivait réellement de Bourbon... ou d'ailleurs.

Quant aux autres personnes présentes, à l'exception de M. Buchard qui soupçonnait sans doute les moyens auxquels j'avais recours, elles ne surent pas davantage à quoi s'en tenir ; mais cela ne les empêcha pas — au contraire — d'être émerveillées et de m'applaudir avec enthousiasme.

Le général commandant Rainidryamanpandry avait pris tant de plaisir à me voir faire mes expériences qu'il fallut absolument que je lui promisse d'aller donner une séance au camp de Souadiram en y passant pour me rendre à Tananarive, ce à quoi je m'engageai séance tenante.

IV

Je demeurai assez longtemps à Tamatave ; diverses circonstances retardèrent mon départ pour Tananarive et j'eus tout le temps de faire ample connaissance avec la ville et avec ses habitants.

J'étais reçu souvent chez le capitaine Gaudelette ; sa femme, charmante personne, faisait les honneurs de son salon avec beaucoup d'aisance ; mais, à part quelques fonctionnaires et six ou huit Français, tous commerçants et ne jouant aucun rôle dans la politique, la population se composait presque exclusivement de naturels du pays, ou bien d'Anglais que mes sentiments et l'état d'hostilité où ils étaient vis-à-vis de nous ne me permettaient pas de fréquenter.

Parmi ces Français je dois citer d'abord les frères Bontemps dont j'ai déjà parlé, puis M. Henri Alibert,

établi à Tamatave depuis une dizaine d'années, et qui
était le représentant de la Compagnie des Messageries
Maritimes. C'était un homme généreux et serviable
pour ses compatriotes ; on avait toujours recours à lui
dans les cas difficiles. D'un courage à toute épreuve, il
avait été décoré pour le sauvetage d'un navire qu'un
cyclone avait jeté sur la côte de Madagascar.

Un autre de nos compatriotes avait aussi rendu de
grands services à la colonie : c'était M. Laisné de la
Couronne. Il avait, de ses propres fonds, monté une
imprimerie à Tamatave et fondé un journal, « la Cloche »,
destiné à défendre nos intérêts et à étendre notre influence dans l'île. Mais, loin de recevoir les encourage-
ments que méritait son entreprise, il ne trouvait, auprès
des représentants de l'autorité, qu'entraves et que déceptions. Il ne se rebutait pas pourtant et avait pris à
cœur de battre en brèche la prépondérance anglaise et
en particulier le *Madagascar Times*, publié à Tananarive et qui paraissait en trois langues : anglaise,
française et malgache. Il livrait de rudes assauts à
M. Tecchi qui en était le rédacteur en chef, défendant,
dans la mesure de ses moyens et avec la plus grande
énergie, nos trafiquants, répandus dans l'île de
Madagascar. Je parlai de lui à notre Résident général,
pendant mon séjour à Tananarive : je fis valoir de mon
mieux le désintéressement et le courage dont M. Laisné
avait fait preuve jusqu'ici, et je m'efforçai de faire
ressortir à ses yeux combien pouvait être précieux,
pour le soutien de la cause française à Madagascar,

l'appui de son journal. Je fus assez heureux pour
produire de l'effet sur M. Le Myre de Vilers qui,
finalement, me chargea d'opérer un rapprochement
entre le gouvernement et le journal. Ce rapprochement
ne pouvait avoir lieu que sous la forme d'une subven-
tion qui permît à M. Laisné de continuer des efforts
qu'il n'aurait peut-être pas pu soutenir bien longtemps,
s'il avait été abandonné à ses propres ressources. A
mon retour à Tamatave, quelques mois après, j'eus la
satisfaction de mener à bien cette délicate mission.

Il y a lutte constante, à Tamatave aussi bien qu'à
Tananarive, entre les missionnaires français et les
membres de la *Missionnary Society.* Pendant que ces
braves frères se multiplient de tous côtés, pour instruire les enfants, donner leurs soins aux malades,
rendre à nos compatriotes pauvres et aux naturels du
pays tous les services que l'humanité réclame, les
missionnaires anglais vont simplement dans les cases
malgaches distribuer de l'argent, afin que les parents
envoient leurs enfants à leurs écoles.

De l'argent !... c'est le « nerf de la guerre » et c'est
aussi le nerf de la civilisation. Par malheur, c'est ce
qui manque le plus à nos pauvres missionnaires, tandis
que leurs adversaires en sont largement pourvus.
Déjà, une vingtaine d'années auparavant, Mme Ida
Pfeiffer constatait cette pénurie. Ceux qui se livrent à
la tâche aride d'évangéliser les peuples de ces pays
lointains comptent, heureusement, sur une autre

récompense qu'une récompense monnayée ; autrement ils finiraient par perdre courage. Il n'en est pas ainsi des missions anglaises, dont les membres trouvent toujours moyen de doubler l'entreprise religieuse d'une entreprise commerciale qui leur assure de beaux bénéfices. Ils ne sont pas toujours non plus absolument scrupuleux dans leur enseignement.

J'assistais un jour à un sermon fait par l'un d'eux, et voici à peu près, entre autres choses, ce que j'entendis : « Oui, mes enfants, ceux qui viennent recevoir » l'instruction au milieu de nous ne se doutent pas de » la récompense qui les attend. Désirant assurer leur » avenir, nous ferons venir d'Europe de jolies petites » blanches, avec lesquelles nous les marierons et » desquelles ils auront de jolis petits enfants blancs. » Voilà ce que j'ai entendu de mes propres oreilles, et si j'arrête ici la citation, c'est que je craindrais, en allant plus loin, de faire rougir mes lecteurs. Tous les moyens semblent bons aux méthodistes anglais pour arriver à leur but — la fin justifie les moyens — et ils flattent sans vergogne les passions et les vices dont les Malgaches sont amplement pourvus, tandis que nos missionnaires français s'efforcent, par l'austérité de leur vie et par la modération de leur enseignement, de répandre parmi eux de saines notions de morale, et de leur inculquer en même temps l'amour de la France, qu'ils ressentent eux-mêmes avec la plus vive ardeur ; car ces exilés volontaires du devoir sont plus attachés à la mère patrie que beaucoup de ceux qui ne l'ont

jamais quittée. Par malheur, quoique les sentiments de la reine la poussent vers la France, son
mari, qui est en même temps le maître en sa qualité
de Premier Ministre, lui a fait embrasser la religion
protestante méthodiste, et, comme elle est, à
l'exemple de la reine d'Angleterre, souveraine spiri-
tuelle aussi bien que souveraine temporelle, il s'en
suit que la religion anglicane est devenue religion
d'État, et que tout son entourage l'a adoptée, non par
conviction mais pour faire sa cour à la reine. De même
tous les fonctionnaires malgaches se sont faits méthodistes, et ils propagent leurs croyances parmi le peuple
malgache, ne laissant échapper aucune occasion de
froisser les catholiques et d'amoindrir l'enseignement
des Missionnaires français et des Frères de la Doctrine
chrétienne, qui ont des écoles dans quelques villes et
dans presque tous les villages. Mais rien ici ne rebute
ces ardents apôtres : ils espèrent dans l'avenir ; ils
comptent que le gouvernement, un jour ou l'autre, se
décidera à faire, en leur faveur, quelques sacrifices, qui
leur permettront de lutter, avec une certaine égalité,
contre l'influence étrangère ; que nos représentants
finiront par se ranger à l'avis de Gambetta, de Paul
Bert, de Jules Simon et qu'ils comprendront enfin que,
« hors de France, il n'y a plus que des Français » ; que
nos missionnaires, dans quelque pays qu'ils aillent
porter leur enseignement, y portent en même temps le
souvenir et l'amour de la France ; qu'ils y répandent
notre langue, qu'ils y entretiennent notre prestige et

qu'ils doivent être soutenus et protégés par tous les moyens possibles ; car, qui dit protestant dit Anglais, et qui dit catholique — fût-il Espagnol, Italien ou Russe — dit Français.

C'est là le criterium de l'influence des deux nations.

Dans mes courses au travers de Tamatave — qui par parenthèse, sont assez fatigantes, le sol étant formé d'un terrain sablonneux où l'on enfonce jusqu'à la cheville, — je rencontrais souvent la Princesse Juliette, à l'affût des nouveautés venues de France, et promenant son opulente personne en *filanza,* sorte de chaise à porteurs en usage à Madagascar. Quelques échantillons plus ou moins défraîchis des modes parisiennes se voyaient en effet à quelques étalages de magasins, au milieu des conserves alimentaires, des toiles, des articles de quincaillerie, qui, avec les bois de construction, les peaux de bœuf, forment les principaux éléments de commerce de Tamatave avec Bourbon. Je m'y approvisionnai de tout ce qui m'était nécessaire pour mon voyage à l'intérieur, surtout de conserves : nos palais européens ont quelque peine à se contenter du riz cuit à l'eau et de la farine de manioc qui suffisent aux habitants du pays ; ils sont plus frugals ou moins difficiles que nous.

V

Le 2 octobre, je me mis en route. J'avais arrêté une soixantaine de porteurs ou *bourjanes*, tous gaillards solides, qui devaient charger mon bagage sur leurs épaules ; car, outre qu'il n'y a pas de route de Tamatave à Tananarive, — pas plus du reste que dans toute l'île, — les chevaux sont presque inconnus à Madagascar. Tous ceux qui y ont été amenés jusqu'ici sont tombés malades presque aussitôt leur arrivée et sont morts. Espérons qu'on parviendra à les acclimater, mais on n'en est pas encore là, tant s'en faut.

Je fis prix avec mes porteurs à trois pièces de cinq francs — trois piastres, comme on dit là-bas — pour tout le voyage, me réservant de leur donner une petite gratification à mon arrivée à Tananarive, si j'étais content d'eux. En outre je leur fournirais le riz, à charge pour eux de le faire cuire; je n'avais pas à m'en occuper.

Ce ne fut pas une petite chose que de charger mes nombreuses caisses sur les épaules de mes hommes : elles étaient fort grandes pour la plupart. Ils passèrent dans les cordes qui les entouraient de gros bambous qu'ils posèrent sur leurs épaules, où un gros bourrelet de chair, souvent à vif, indique combien le métier qu'ils font est pénible. Quand l'opération que surveillait mon secrétaire, M. Pappasogly, fut terminée, nous montâmes tous deux en *filanza*. Cette sorte de palanquin est des plus primitifs ; il est formé de deux brancards que les porteurs posent sur l'épaule, en le soutenant avec la main, et muni d'une toile tendue qui sert de siège. Pour distinguer mes hommes les uns des autres, j'imaginai de mettre au cou de chacun d'eux une médaille avec un numéro, comme en portent à Paris les garçons de café.

Cet ornement parut leur plaire infiniment.

J'emmenais avec moi, en remplacement de mon domestique congédié, un garçonnet d'une douzaine d'années, qui était au service de la princesse Juliette et qu'elle m'avait confié pour le temps de mon séjour à Tananarive. Ayant été élevé par les missionnaires de Tamatave, il savait assez bien le français pour me servir d'interprète au besoin, et je n'eus qu'à me louer de lui.

J'avais endossé, pour le voyage, un costume de flanelle blanche très légère, et j'avais pour coiffure un chapeau, très léger aussi, en moelle de sureau, garni d'une toile qui cachait le cou ; mon revolver était enfilé dans ma ceinture, ma carabine reposait à côté de moi.

Ma première étape devait être au camp de Souadiram, où Rainidryamanpandry m'avait invité à m'arrêter ; je m'étais flatté d'y arriver vers la fin de l'après-midi.

A peu de distance de Tamatave le paysage change complètement d'aspect. Au terrain sablonneux et aride qui entoure la ville, avait succédé une plaine verdoyante, semée de bouquets d'arbres, sillonnée d'une infinité de petits sentiers, dans lesquels mes hommes s'engagèrent au pas de course. Je me disais que, chargés comme ils l'étaient, ils ne pourraient soutenir longtemps cette allure ; je me trompais ; ils n'en changèrent pas de toute la journée et semblaient infatigables. Nous longions le bord de la mer, dont on entendait le ressac à gauche, tandis que, à droite, se voyait un épais fourré d'où s'élançaient quelques cocotiers et que bordaient des agaves aux feuilles épineuses et des arbres dont les feuilles servent pour recevoir l'écriture gravée, et que j'ai baptisées du nom de « feuilles-tablettes ». On apercevait, de temps à autre, une superbe orchidée, laissant échapper d'une branche d'arbre qui lui avait donné l'hospitalité, ses fleurs aussi magnifiques que bizarres d'aspect. De temps à autre mes porteurs avaient à traverser un petit cours d'eau, une mare ; mais cela ne ralentissait pas leur marche et nous arrivâmes ainsi sur les bords de la rivière Ivondrô.

Des pirogues, faites de simples arbres creusés, nous

attendaient ; elles mesurent jusqu'à dix et douze
mètres de longueur et n'ont pas de quille, ce qui fait
qu'elles manquent absolument d'aplomb. Il ne serait
pas bon pourtant qu'elles chavirassent, car une multitude de caïmans nous guettent, et malheur à celui de
nous qui tomberait à l'eau. Nous nous y entassons
néanmoins. Les monstres nagent autour de nos
embarcations, laissant seulement émerger le bout de
leur gueule hideuse, toujours ouverte, ne se refermant
que sur une proie, et qui ressemble à une branche
d'arbre couverte de moisissure.

Le voyage s'accomplit heureusement néanmoins. La
rivière traversée, nous reprenons nos palanquins, et
au bout d'une demi-heure nous arrivons au camp de
Souadiram.

VI

Le commandant avait été prévenu de mon départ de Tamatave. Dès que les soldats qu'il avait mis en vedette eurent signalé mon approche, je fus salué de trois coups de canon. Je fus singulièrement sensible à cette marque d'honneur à laquelle je ne m'attendais pas, et j'en reportai la gloire à ma qualité de Français.

En arrivant au camp, je trouvai toute l'armée sur pied. Rainidryamanpandry habitait, avec sa famille, une grande case qu'il s'était fait bâtir ; il m'attendait dans son salon, entouré de son état-major, et me fit en malgache un petit discours très bienveilllant qui me fut traduit par le Grand Juge, qui parlait assez bien le français.

J'y répondis par quelques paroles bien senties que le Grand Juge interpréta de son mieux.

Le Gouverneur me présenta ensuite à sa femme qui a l'air, comme son mari, d'une excellente créature, et à ses enfants. Ses esclaves, rangés dans le fond de la salle, donnaient, en dépit des costumes européens des officiers, quelque chose de biblique à la scène. En tout cas, elle ne laissait pas que d'être assez imposante.

Le salon où j'avais été introduit était fort simplement meublé, comme il convient à une installation militaire ; il avait pour tout ornement une grande pancarte, portant une inscription en caractères malgaches. Je me demandais quelle pouvait en être la signification. Je pensais aux versets du Coran que les Musulmans inscrivent sur les murs afin de les avoir toujours devant les yeux. Quoique les Hovas n'eussent que peu de religion, c'était peut-être néanmoins une maxime pieuse qu'on proposait ainsi à la méditation des fidèles ; peut-être aussi simplement une invocation à quelque divinité hova, en faveur de la souveraine ; peut-être encore, à la manière chinoise, une pensée poétique, propre à entretenir dans l'esprit une image riante, un souvenir touchant, un exemple à imiter. Je me perdais en conjectures, et me décidai enfin à interroger timidement le Grand Juge qui m'avait servi d'interprète. O déception ! Ces deux lignes qui m'avaient fait rêver, signifiaient : « On ne doit pas cracher sur le tapis. » La recommandation n'était peut-être pas absolument inutile dans un pays dont les habitants ont la fâcheuse habitude de « chiquer » du tabac en poudre, au grand dommage de leurs dents et de leurs gencives. Ils prétendent qu'ils atténuent ainsi les effets du climat ; c'est ce qui serait à examiner.

J'obtins dans cette séance un succès égal à celui que j'avais obtenu à Tamatave, chez M. Buchard et chez d'autres personnes dans le salon desquelles j'avais fait quelques expériences. Une de celles qui surprirent et amusèrent le plus mes spectateurs, ce fut celle du décapité.

J'annonçai à mon auditoire, avec le plus grand sang-froid, qu'on allait me trancher la tête. Mon secrétaire devait être l'exécuteur des hautes œuvres. Je lui remis un yatagan qui voyage toujours avec moi depuis que j'ai eu l'honneur de donner des représentations devant Sa Majesté le Sultan, et je me préparai à recevoir le coup fatal. La femme et les enfants du général commandant, ainsi que les esclaves groupées derrière leur maîtresse, tressaillirent d'épouvante et se cachèrent la tête dans leur lamba, en voyant Pappasogly brandir l'arme terrible. D'un air plus terrible encore, et avec un geste d'une ampleur magnifique, il trancha l'air du bout de son arme, à l'exemple de l'esclave d'Orient chargé de décapiter les criminels. Immédiatement, nouveau saint Denis, je fis le tour de la salle, ma tête à la main, suivi des regards de tous les assistants et même de ceux des assistantes qui éprouvaient bien encore un petit frisson, mais qui s'étaient décidées à sortir la tête de dessous leur cachette. Voyant que, pour un décapité, je me comportais assez

2.

bien, elles se rassurèrent, s'avisant que peut-être il ne
s'agissait que d'un jeu ; mais elles n'en applaudirent
pas avec moins d'enthousiasme lorsque, mon secrétaire m'ayant coiffé jusqu'aux épaules d'un immense
cornet en forme de pain de sucre qu'il enleva presque
aussitôt, je reparus avec ma tête parfaitement ressou-
dée, comme on put s'en convaincre par les mouvements que je lui fis faire en saluant à droite et à
gauche avec civilité.

J'exécutai encore une demi-douzaine d'autres expériences. M'étant fait apporter des œufs frais et ayant
prié le gouverneur d'en briser un, il le trouva rempli
de pièces d'or ; la bague que la femme de Rainidryamanpandry m'avait confiée, après avoir été,
non sans grandes protestations de sa part, pilée
dans un mortier, lui fut rendue intacte ; une bouteille inépuisable versa à chacune des personnes
présentes ce qu'elle demandait : à l'une de l'eau-de-
vie, à l'autre du kirsch, du cassis, du rhum, à l'autre
encore de l'eau claire. Une pièce de deux sous, tirée
de ma poche, fut convertie successivement en pièce de
cinq francs, puis en pièce d'or, pour redevenir pièce
de deux sous ; une muscade placée sous un gobelet
accomplit divers voyages, et je la tirai d'abord de la
poche du gouverneur, puis de celle de son petit garçon,
puis de celles de plusieurs autres assistants qui ne se
doutaient pas qu'elles l'eussent en leur possession ;
enfin des gâteaux secs ayant été servis avec d'autres
rafraîchissements, j'en escamotai un certain nombre

avec une facilité qui aurait pu me faire passer pour un Gargantua.

Une chambre très propre, avec tous les accessoires de toilette, m'avait été préparée pour y passer la nuit. Le lit, c'est-à-dire une sorte de divan à la manière orientale, était garni absolument comme un de nos lits. Pommades, savons, flacons d'odeur, des premières maisons de Paris, avaient été disposés pour que j'en fisse usage ; on n'avait même pas oublié la classique carafe d'eau, accompagnée d'un verre en cristal de Baccarat et du sucrier. C'est dire que le gouverneur général, commandant le camp de Souadiram, connaissait parfaitement nos habitudes. J'allais oublier d'ajouter qu'une bible anglaise avait été placée discrètement sur la table de nuit.

Le lendemain matin on m'offrait un déjeuner splendide où truffes, pâtés de foie gras, conserves de toutes sortes, sans compter les plus beaux fruits du pays, jouèrent leur rôle, accompagnés de vins de France et principalement, cela va sans dire, de vin de Champagne ; des toasts furent portés à la reine d'abord, au Président de la République, au représentant de la France, M. Le Myre de Vilers, au Premier Ministre, enfin à moi. Pendant ce temps, la musique militaire (elle n'est pas mauvaise du tout) jouait la *Marseillaise*, qui alternait avec le *Sidikina*, air national des Hovas. Rainidryamanpandry me remit ensuite une lettre pour Son Excellence le Premier Ministre, Rainilaïarivony, le mari de la reine, puis il me donna un courrier qui devait prendre les devants sur mon escorte et faire « préparer nos logements ».

C'était notre maréchal des logis.

Armé de sa sagaye, sorte de lance d'environ deux mètres de longueur, il partit en courant, comme s'il ne se fût agi que d'une course d'un ou deux kilomètres.

Enfin, après force poignées de mains, force souhaits de bonne santé, de bon voyage et d'espoir de se voir au retour, nous reprîmes nos *filanzas* que nos hommes rechargèrent sur leurs épaules, avec autant de facilité que si nous eussions été aussi légers que des plumes.

Deux officiers étaient chargés de me faire une escorte d'honneur et de m'accompagner jusqu'au lieu où nous devions passer la nuit.

VII

Le paysage a le même aspect gracieux que la veille et devient, en certaines parties, d'une splendeur incomparable par la hauteur et la grosseur des arbres, qui sont des essences les plus variées, la couleur du feuillage d'un vert éclatant, la multitude des fleurs qui se montrent de tous côtés, couvrant d'une riche parure le sol, aussi bien que les lacs que nous suivons et qui ne sont séparés de la mer que par une étroite bande de terre. Des papillons aux ailes diaprées tournent autour de nous ; des oiseaux multicolores rayent l'air de leur vol rapide ; des flamants, des grues au plumage varié se tiennent sur le bord de l'eau, se livrant à la pêche, assurés contre l'approche des caïmans par la facilité qu'ils ont de s'enlever dans les airs à l'approche de l'ennemi. C'est un tableau inoubliable et qui se fixe dans la mémoire de celui qui l'a contemplé une fois, avec autant de sûreté que sur une plaque photographique.

Avant d'arriver à Amboudichine où nous devons passer la nuit, plusieurs de mes porteurs déposent à terre leur fardeau et s'enfoncent à grands pas dans le fourré. Je demande l'explication de cette désertion au garçon qui me sert d'interprète, il me répond : La cruche d'Amboudichine.

Et je me rappelle que, en effet, c'est près de ce village que se trouvait autrefois une cruche dans laquelle, paraît-il, durant plusieurs siècles, les habitants des environs, avant d'entreprendre un voyage, venaient déposer une offrande d'argent afin de bien disposer les dieux en leur faveur.

Mais quand les Hovas s'emparèrent du pays en chassant les premiers occupants, ils pillèrent le trésor. En outre, tout dernièrement, un Anglais brisa le vase d'un coup de fusil ; néanmoins quelques-uns des pêcheurs de la côte ont conservé un tel respect de la tradition que, souvent, avant de se mettre en route, ils viennent faire une sorte de pèlerinage aux débris de la cruche.

C'était sans doute ce motif qui avait porté mes hommes à se séparer de nous. Du reste, une fois que cette explication m'eut été donnée, je ne m'inquiétai plus d'eux, sachant qu'ils me rejoindraient sûrement.

Aux environs d'Amboudichine aussi, on montre le « trou au serpent » qui, par bonheur, est vide de son locataire. C'était, disent les naturels, un monstre dont les dimensions étaient telles qu'il pouvait entourer de ses replis un village de trois cents familles. Sa langue était armée de sept dards, dont il perçait les hommes et les bestiaux. Il fut détruit par un Hercule malgache, comme l'Hydre de Lerne, de mythologique mémoire, le fut par le héros grec, mais son souvenir s'est conservé dans la terreur populaire.

La plupart du temps nous passons à gué les cours d'eau que nous rencontrons, car ils ont peu de profondeur; cette profondeur est suffisante néanmoins, paraît-il, pour que messieurs les caïmans s'y trouvent à leur aise, car nous voyons plusieurs de leurs vilaines têtes émerger de l'eau. Heureusement nous avons un chien avec nous, et c'est grâce à lui que nous pouvons franchir ces petites rivières. L'intelligente bête, qui ne tient pas plus que nous à se mesurer avec les féroces sauriens, emploie une ruse de guerre, en usage chez ses congénères malgaches, et des plus ingénieuses : Il se plante sur le bord du rivage, et là se met à aboyer jusqu'à extinction de voix. Aussitôt les caïmans d'accourir vers cette proie qui s'annonce d'une manière si bruyante ; mais ils ont compté sans la malice du chien; dès que celui-ci a attiré ses ennemis sur le rivage, il fait demi-tour et vient, en toute hâte, passer la rivière à une centaine de mètres de là, nous le suivant, pendant que les caïmans, qui ont grand'peine à se retourner quand ils sont sur la terre ferme, s'efforcent de regagner l'élément liquide, où leurs mouvements reprennent toute leur prestesse. Quand ils y sont parvenus, nous sommes, nous et notre brave toutou, en sûreté sur l'autre bord, et nous poursuivons notre route tranquillement, en attendant l'occasion d'employer le même stratagème.

VIII

A Amboudichine nous assistons à un *kabry* ou
assemblée du peuple, qui se tient en notre honneur. Le
chef du village nous offre, en manière de bienvenue,
un poulet, des œufs et du miel. Il nous adresse ensuite
un long discours en malgache, dans lequel il fait
l'éloge de la reine, qu'il surnomme la Rose de bonté, la
Grâce divine, la Sœur du soleil. C'est que Ranavalo III
est fort aimée de son peuple, tandis que son mari, au
contraire, est exécré, et qu'on murmure tout bas —
oh ! très bas ! — en parlant de lui : C'est le plus
grand caïman que le mauvais esprit ait jeté sur notre
île !

Le chef du village déploie beaucoup d'éloquence
dans son panégyrique, car les Hovas ont la parole
facile, imagée et poétique. Je réponds à son discours
comme il convient, par l'éloge de la France, seule

3

capable de donner la paix au peuple hova et de
répandre dans leur pays l'aisance, la prospérité, la
richesse, la France amenant la civilisation et ne la
faisant pas payer.

Je m'installe pour passer la nuit dans une case
malgache, qui me coûte environ quatre sous de location. Ces quatre sous sont représentés par un fragment
de pièce de cinq francs. A Madagascar, la monnaie
divisionnaire n'existe pas ; on la remplace en partageant un écu de cinq francs en dix, vingt, quarante,
et jusqu'à quatre-vingts morceaux, dont quelques-
uns, par conséquent, n'ont qu'une valeur extrêmement
minime.

Aussi, pour procéder plus facilement à cette petite opération, chacun porte-t-il avec soin de petites balances.
Des grains de riz parfont les poids pour les fragments
infinitésimaux.

On ne saurait dire que cette façon de procéder soit
des plus commodes. Tout le monde n'est pas capable
de se livrer rapidement aux calculs compliqués que
réclame la plus petite emplette, et je me demande si
tous nos troupiers s'en tirent facilement. Aussi j'aime
à croire qu'ils ont apporté là-bas un peu de monnaie
de billon qui, si elle manque d'élégance et de pitto-
resque, ne manque pas de commodité, et que leurs gros
sous sont bien reçus des naturels du pays.

IX

A Andévourante — et ce sera la dernière fois jusqu'à
Tananarive — j'ai la satisfaction de coucher dans un lit.
A partir de là, la route, si on peut appeler ainsi un
sentier capricieux à peine assez large pour que deux
personnes puissent y passer de front, quitte le bord
de la mer qu'elle a toujours longé jusqu'alors, pour
s'enfoncer dans les terres vers l'ouest. Nous commen-
çons à monter et il en sera ainsi jusqu'à Tananarive. Ce
sera quelquefois par une pente si escarpée que les
chemins à mulets des Alpes ne peuvent en donner
qu'une faible idée, et que, souvent, je me trouve avoir la
tête plus basse que les pieds. Mes porteurs continuent
cependant à courir avec une rapidité presque égale, se
relayant seulement un peu plus souvent; je ne semble
pas peser à leurs épaules, ils chantent, et probablement

le rythme qu'ils impriment ainsi à leur pas les aide-t-il à porter leurs fardeaux.

Il s'agit maintenant de remonter pendant quelque temps la rivière Iharoka ; nous reprenons des pirogues. La rivière est très large ; en certains endroits c'est à peine si on en distingue les bords. Des têtes de caïmans se montrent toujours çà et là. Je veux, par l'entremise de mon petit domestique, interroger le batelier à leur sujet. — Commettent-ils beaucoup de dégâts dans les villages ? — En tue-t-on beaucoup ? — Quelle est la saison où l'on en voit le plus ? — Le batelier me regarde d'un air farouche ; il ne me répond pas. Mon petit interprète m'en donne la raison. — Cela porte malheur de parler des caïmans, aussi bien que des accidents dont ils peuvent être la cause, me dit-il. — L'enfant murmure ces explications à mi-voix, d'un air craintif ; je devine que, en dépit de son éducation chrétienne, il subit encore l'influence des croyances nationales.

Quoique nous allions contre le courant de la rivière, les pirogues n'en voguent pas moins avec une rapidité prodigieuse. Les porteurs, transformés en bateliers, chantent en cadence ; c'est encore bien moins pour se *charmer* eux-mêmes que pour *charmer* les caïmans, qu'ils espèrent ainsi adoucir. Du reste les Hovas mêlent volontiers la musique à leurs occupations ou à leurs travaux ; ils en ont le sentiment inné.

Tout à coup nous nous apercevons que notre pirogue fait eau. La situation ne laisse pas que d'être assez critique. Un plongeon n'aurait rien de bien agréable ; sans compter les camarades dont je viens de parler, le courant est tellement rapide qu'on aurait peine à atteindre le bord. J'ordonnai donc que la moitié des rameurs cessât de manœuvrer les pagaies pour s'employer à vider le bateau. On se sert de tout ce qu'on trouve à sa disposition : M. Pappasogly et moi de nos casques de sureau ; mes hommes de leur marmite à faire cuire le riz, ou simplement de leurs deux mains. A force de travail, nous conjurons enfin le danger et nous gagnons l'autre bord, où nous retrouvons la végétation superbe qui déjà nous avait émerveillés les jours précédents : des fougères arborescentes au tronc élancé, que couronne un bouquet finement dentelé ; des bananiers laissant pendre leurs régimes de fruits succulents ; des palmiers au panache échevelé ; des bambous au léger feuillage.

De tous les arbres qui croissent avec une si exubérante profusion, un des plus beaux aussi bien que l'un des plus extraordinaires est le *ravenal* ou l'*arbre du voyageur*. Il ne porte guère que de vingt à trente feuilles, mais ces feuilles ont deux mètres et demi à trois mètres de longueur sur cinquante centimètres de large, et sont disposées de telle manière qu'elles forment une sorte d'éventail de proportions gigantesques. Les Malgaches emploient ces feuilles comme ustensiles de ménage, en guise de plats et d'assiettes. Le tronc sert à faire la charpente des maisons, ou les piliers soutenant la galerie extérieure qui règne autour de chacune d'elles ; les *feuilles* séchées sont employées pour la toiture ; aussi peut-on dire que, avec l'arbre du voyageur, on construit une case complète.

Ce qui a valu son surnom à ce superbe végétal, c'est la propriété qu'ont ses feuilles de servir de réservoir pour l'eau de pluie. Un voyageur a-t-il soif, il pratique, à l'aide d'un instrument tranchant, une incision à la naissance de la feuille : aussitôt un filet d'eau fraîche s'en échappe. J'y ai eu recours une ou deux fois et je m'en suis très bien trouvé.

C'est peu de temps après avoir quitté la rivière Iharoka que je fis connaissance avec une autre plante non moins extraordinaire. Pendant que mes hommes se reposaient, je m'étais assis sous un arbre, un crayon à la main, pour prendre un croquis du paysage. Un arbuste au feuillage pâle et peu fourni, comme celui de l'olivier du midi de la France, attira mes regards ; voulant admirer de plus près ses fleurs qui rappelaient par leur blanc pur celles du camélia, je me levai pour aller en cueillir une ; mais, au moment où je la séparais de sa tige, j'éprouvai une forte commotion sur le bras. Je me retournai vivement, croyant que quelqu'un m'avait frappé ; mais j'étais seul ; il était évident que le coup que je venais de ressentir était dû à la plante elle-même : c'était une plante électrique et elle m'avait donné une secousse égale à la décharge d'une petite bouteille de Leyde. Une seconde épreuve que je fis aussitôt sur une fleur semblable, confirma mon jugement.

J'ai conservé cette fleur ; elle figure dans la collec-
tion de souvenirs de voyage que j'ai réunis dans ma
maison de Toulouse, à côté d'autres spécimens de la
flore du pays,—recueillis sans connaissances spéciales,
je l'avoue, plutôt pour leur beauté, leur originalité,
leur rareté, que pour leur valeur scientifique, — tels
que quelques noix de tanghin, poison particulier à
Madagascar, — et d'échantillons de cristaux et de gre-
nats, découverts aussi par moi dans mon voyage de
Tamatave à Tananarive.

X

A l'entrée de chaque village nous sommes reçus par le chef qui nous offre, selon l'usage, quelques petits présents de bienvenue, toujours accompagnés d'un discours auquel je réponds, toujours aussi, par une phrase apprise par cœur et qui signifie : « Je vous remercie. Vive la reine Ranavalo Manjaka ! Vive la France ! »

Pendant ce temps mon petit domestique procède à mon installation qui est des plus sommaires et des moins confortables, entre les rats qui ne se contentent pas de danser des sarabandes échevelées au-dessus de ma tête, mais qui viennent se promener jusque sur mon lit, jusque sur ma figure, et les puces, hélas ! plus indiscrètes encore.

Il faut avoir vécu à Madagascar pour savoir ce que

3.

ces vilaines bêtes, puces et rats, peuvent faire souffrir
à des êtres humains. Ces rats sont en telle quantité
que les malheureux habitants ne savent comment s'en
préserver et qu'ils sont obligés, pour mettre leurs
récoltes à l'abri des déprédations de ces rongeurs, de
construire des greniers élevés sur pilotis, où l'on
n'accède qu'à l'aide d'une sorte de mât de perroquet,
formé d'un tronc d'arbre dans lequel on a pratiqué des
entailles pour poser le bout des pieds. Il y a quelques
années, le gouvernement a dû envoyer contre eux
des bataillons entiers de soldats hovas, rappelant le
Lustucru de la mère Michel :

Il est dans le grenier faisant la chasse aux rats,
Avec un fusil d'paille et un sabre de bois.

Quant aux puces, ces bêtes malfaisantes peuvent
transformer un homme civilisé en véritable sauvage, et
c'est ce qu'elles parvinrent à faire de moi. J'étais
tellement exaspéré de leurs attaques répétées, tellement las de leur faire une guerre acharnée sans obtenir le moindre résultat, puisque, après en avoir détruit
des légions, elles se présentaient en légions encore
plus nombreuses ; je présentais en outre un spectacle
si grotesque avec mes habits jadis blancs qu'on aurait
crus d'étoffe imprimée tant ils étaient couverts de
taches rousses, que je pris un parti violent.

Afin que ces hôtes indiscrets et incommodes ne se
logeassent plus dans mes vêtements, je résolus de n'en
plus porter que le moins possible, et, à l'exemple de

mes hommes, de me contenter du « salaka », longue ceinture de toile, passée entre les jambes et serrée autour des reins. J'étais ainsi beaucoup moins exposé aux piqûres de mes ennemis, sans compter qu'il m'était bien plus facile de m'en débarrasser. Au bout de quelques jours, le soleil aidant et en dépit de mon parasol, j'étais devenu presque aussi bronzé que mes porteurs et j'aurais pu être confondu avec eux.

Mais les puces ne sont pas, Dieu merci, les seuls insectes qu'on trouve à Madagascar, et de magnifiques papillons continuent à tourbillonner autour de nous : je n'en ai jamais vu nulle part une telle quantité. J'en remarque un dont les ailes antérieures sont noires, rayées de bandes irrégulières d'un vert splendide, pendant que les ailes postérieures sont de couleurs éblouissantes à reflets d'or. Sur les ailes d'un autre, qu'on appelle « papillon-comète », se mêlent le jaune et le rouge ; il est particulier à Madagascar et se vend jusqu'à cent francs aux collectionneurs ; un autre enfin est de couleur tricolore.

Comme je m'efforçais toujours de le faire, je tire de cette particularité une conclusion en faveur de la France. — Vous voyez que cette terre porte nos couleurs, dis-je à nos hommes ; donc elle nous appartient !

D'autres insectes encore que les papillons abondent dans l'île ; je remarque une sorte de grande sauterelle qui y est fort commune, et des chenilles comme, je le crois, il n'en existe guère que là. Il en est qui ont

jusqu'à quinze centimètres de longueur et elles sont
magnifiquement habillées de rouge, de noir et de bleu.

Les vers à soie y sont aussi en grande quantité et
les naturels considèrent la chrysalide de cet insecte
comme un mets fort délicat. J'en ai goûté : un
voyageur doit avoir le palais accommodant; mais
j'avoue que cette appréciation gastronomique n'est
pas la mienne. Affaire d'habitude peut-être.

Un *maki*, sorte de quadrumane qu'on ne trouve qu'à
Madagascar, d'un naturel doux et aimable, montre
aussi, de temps en temps, entre les branches, son large
plastron d'un blanc de neige, qui le fait ressembler
à un élégant allant au bal, et contraste avec le poil
noir et soyeux dont le reste de son corps est couvert.
Il nous suit curieusement du regard derrière l'écran
vert des feuilles.

Parmi les oiseaux au plumage splendide, le courou-
cou émaillé de vert et d'or, le paon dont la queue magnifique ondoie sur le gazon, la lyre qui dresse la
sienne de manière à rappeler l'instrument cher
à Orphée, je remarque deux oiseaux que je n'avais
jamais vus et que je n'ai vus que là; c'est d'abord un
perroquet, noir comme le merle de nos pays, puis
un corbeau dont l'aile ne pourra plus fournir de
comparaison aux auteurs que quand ils parleront de
douairières, car il est entièrement blanc.

Un autre semble échappé du conte de fée de
Mme d'Aulnoy; il est bleu, d'un bleu d'azur étincelant.
Un jour, l'un d'eux s'était posé sur un arbre à quelques

pas de nous ; il s'envola à notre approche pour aller se poser plus loin, mais toujours en vue, puis plus loin encore. Je tirai un coup de fusil dans sa direction, non pour tuer la charmante créature, mais pour voir si ce bruit l'effraierait. Elle disparut en effet ; puis, au bout de quelques instants, nous la revîmes et elle nous accompagna pendant plus de deux heures.

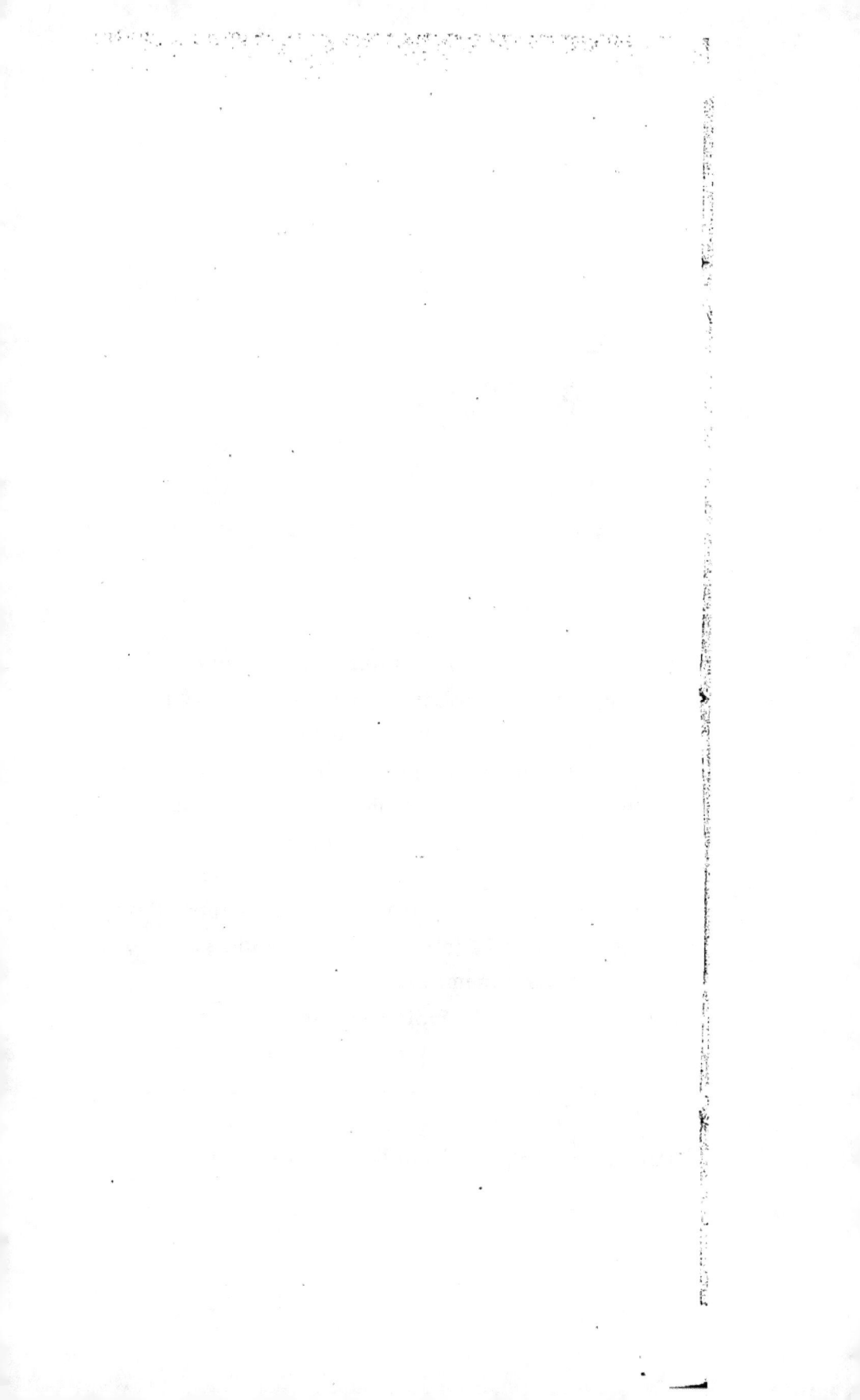

XI

Il y avait quatre jours que nous avions quitté Tamatave, lorsque, vers trois heures de l'après-midi, nous aperçûmes à une certaine distance au-dessus de nous, dans le sentier escarpé, un objet rouge que nous ne distinguions qu'imparfaitement. Ce n'est qu'au bout de quelques instants que nous le reconnûmes. C'était le képi d'un officier français. Cette vue me causa une vive émotion et en causa une semblable à M. Pappasogly: car, dans ces contrées lointaines, tout ce qui est Européen et n'est pas ennemi est ami.

Il faut avoir, comme moi, parcouru les cinq parties du monde, avoir été longtemps absent de la patrie, pour savoir combien ce qui vous la rappelle a de force sur le cœur. Ce képi rouge que je distinguais à peine, c'était la France ; celui qui le portait pouvait différer avec moi d'idées, de caractère, de sentiment; il est un point par lequel nous étions frères, nous avions une mère commune : la France !

Aussi à peine fûmes-nous assez rapprochés pour que la voix de l'un atteignît les oreilles de l'autre, un double cri fit vibrer l'air autour de nous, poussé de toute la force de nos poumons : — Vive la France !

Quelques instants après nos mains s'étreignaient comme celles de deux amis qui se revoient après une longue absence.

Cet officier était le commandant Blanchard, de l'infanterie de marine. Il se rendait à Diego-Suarez, pour prendre part aux travaux dont j'ai déjà parlé. Nous vidâmes une bouteille de vin de Champagne à la prospérité et à la grandeur de la patrie ; un dernier cri de Vive la France ! retentit, et nous nous séparâmes, sans doute pour ne jamais nous revoir !

Jusque-là, tout s'était bien passé entre nos porteurs et ils semblaient s'accorder assez bien, quand, un jour, je crus remarquer, aux discours qu'ils échangeaient et à leurs gestes animés, que la désunion s'était mise dans leur troupe. Je demandai des explications à mon petit domestique, mais j'eus grand'peine à en obtenir, et aussitôt qu'il eut commencé à parler, je devinai la raison de son silence : il avait peur que je ne m'offensasse de ce qu'il avait à me dire. Voici ce dont il s'agissait.

Ceux de mes hommes qui avaient l'honneur de porter mon secrétaire s'étonnaient fort, de voir que c'était moi qui donnait les ordres, qui dirigeait la caravane, qui avait l'air d'être le maître enfin. Ils trouvaient cela souverainement injuste, attendu que j'étais de petite taille, tandis que Pappasogly était un grand garçon bien bâti et beaucoup plus beau que moi. Donc, ils prétendaient avoir le pas sur mes porteurs et, en effet, ils se mirent à prendre rapidement les devants, afin d'être les premiers à entrer dans le village.

Quand je les rejoignis j'entrai, dans une furieuse colère ; non que je fusse réellement bien irrité, mais pour le principe : car, dans la situation où nous nous trouvions, deux blancs contre une soixantaine de Malgaches, si je les laissais discuter mon autorité, tout était perdu.

— Ah ! m'écriai-je, vous croyez qu'on peut me braver impunément et vous vous figurez que, parce que je suis petit de taille, je me laisserai mener par vous ; mais je suis Français et vous saurez que les Français trouvent toujours moyen de se faire obéir. Et pour commencer par toi, fis-je, en m'adressant à l'un des plus grands et l'un de ceux qui paraissaient le plus excités, nous allons voir si je ne te forcerai pas à me demander pardon.

Je le saisis par le petit doigt et le serrai de telle manière, qu'il se mit à pousser des cris de paon.

— Ah ! ah ! continuai-je, vous vous imaginez être forts, parce que vous êtes nombreux ; eh bien ! vous

pouvez tous former un rond autour de moi, et, si fer
mement que vous vous teniez, vous verrez si je ne vous
forcerai pas à rompre votre chaîne. Essayez.

Ils se saisirent par la main, serrant de toutes leurs
forces et bien résolus à ne pas se séparer. Je me
promenai pendant quelques instants, les bras croisés,
au centre du vaste cercle, pendant que les autres tour-
naient autour de moi comme des fillettes qui dansent
une ronde.

Tout à coup je fondis sur un point la tête en avant.
Ils prévinrent mon attaque en se réunissant tous sur
l'endroit menacé, et ils allaient pousser un cri de
triomphe lorsque, me retournant tout à coup et
lançant un croc en jambe accompagné d'un bon coup
sur la main à ceux qui s'y attendaient le moins, je
leur fis lâcher prise, et je sortis du cercle. « Eh bien !
avais-je raison ? demandai-je d'un air de défi et vous
imaginez-vous encore être plus habile qu'un Français ?
Les Français ont pour eux la force et l'esprit, et c'est
ce que vous n'aurez jamais !

« Et pour vous convaincre de ma puissance, je vais
vous annoncer une chose ; c'est que demain, à cette
heure-ci, la terre s'ouvrira à mon commandement et
qu'il en sortira du feu. »

Le lendemain en effet je réunis mes hommes dans
une prairie, où, il est inutile de le dire, j'avais pris les
dispositions nécessaires pour la réussite de l'expérience
que je projetais.

Ils s'étaient accroupis en cercle autour de l'endroit

d'où le feu allait sortir, comme je les en avais prévenus.
Ils tenaient leurs yeux attachés sur ce point sans les
en détourner un instant. Je me promenais autour d'eux,
ma baguette d'ébène à la main. Quand je pensai que
le moment était venu où l'expérience devait réussir,
je m'avançai, et après avoir fait diverses passes avec
mon bâton, j'ordonnai à la terre de s'ouvrir.

Aussitôt on entendit des bruits et des grondements
souterrains et le feu jaillit du point indiqué, plongeant
mes porteurs dans la stupéfaction et dans l'émerveillement de mon pouvoir. Un peu plus ils m'adoraient
comme un Dieu. (Ceux qui ont fait de la chimie comprendront que l'expérience que je venais de faire
n'avait pourtant rien de surnaturel.)

— Les Français sont puissants, dit l'un de mes
hommes ; ils peuvent faire sortir le feu de la terre,
mais les Hovas n'en ont pas peur ; ils ont pour les
défendre le grand serpent.

— Celui qui avait sa demeure près d'Aboudichine,
dis-je ; mais puisqu'il a été tué...

— Non, un autre ; un bien plus grand encore, et
tant qu'il existera, l'étranger ne pourra s'emparer de
notre pays ; non, personne, pas même les Français !
Ce serpent est si long qu'il peut couvrir tout le pays
de ses plis et de ses replis. Au premier coup de canon
qui sera tiré contre nous, il sortira du Lac des Songes
qu'il habite ; il enveloppera toute l'armée ennemie et
il ne restera pas un seul soldat pour aller raconter en
Europe ce qu'il aura vu.

— Et où est-il ce Lac des Songes ? demandai-je.

— Là-bas, tout là-bas, dit mon homme en désignant le sud ; bien loin au delà du pays des Sakalaves.

Plusieurs de ses camarades l'interrompirent.

— Non, dit l'un d'eux, ce n'est pas par là : c'est par ici, et il montra de la main le nord, tandis que les autres pointaient le doigt dans des directions différentes.

C'est que, en effet, plusieurs lacs reçoivent cette dénomination de Lac des Songes, et cela n'étonnera personne quand on saura que ce nom leur vient d'un arbrisseau qui ressemble au bananier et qu'on appelle *Songe*.

— Que faisait donc le grand serpent pendant la dernière guerre ? demandai-je.

Mon homme demeura court.

— Eh bien, mon ami, repris-je, si vous n'avez pas de meilleurs soldats à opposer aux nôtres que votre serpent, vous ferez bien de ne pas mécontenter les Français, parce qu'ils vous déclareraient la guerre de nouveau, et, cette fois, ce serait pour de bon !

XII

Nous partions généralement de grand matin : car, à
cause de l'extrême chaleur, j'étais obligé de laisser mes
porteurs se reposer pendant une partie du jour. Quand
nous arrivions pour déjeuner dans un village, je trouvais généralement, réunis à l'entrée, tous les malades
et infirmes de la localité. Je suis officier de santé et,
pendant mon séjour à Tamatave, j'avais donné des
soins à quelques personnes à qui j'avais été assez
heureux pour procurer du soulagement; aussi le bruit
s'était-il répandu que j'avais de grandes connaissances
en médecine. Prévenus par le courrier qui me précédait
de mon habileté dans l'art de guérir, — habileté dont on
exagérait encore les effets, — ces malheureux m'attendaient pour m'exposer leurs maux, leurs infirmités et
même leurs plaies, souvent hideuses. Il me fallait alors

onner des consultations, faire des pansements, prati-
uer même parfois de petites opérations, distribuer
es médicaments et principalement de la quinine, dont
avais fait une ample provision. Le plus souvent je
'ussissais à procurer quelque soulagement à ces
isérables, mais souvent aussi, hélas ! ma science était
 puissante et peut-être celle de tout autre médecin
ût-elle été de même. Un jour, j'éprouvai même un
ritable chagrin. Il s'agissait d'un aveugle qui s'était
aginé, le pauvre homme, que j'allais lui rendre la
ie. Il était atteint de la cataracte et, en effet, si j'avais
 les instruments nécessaires, j'aurais tenté l'opéra-
n et je crois que je l'aurais réussie, car je l'avais
jà pratiquée; mais je n'avais, dans mon bagage
tuel, rien de ce qu'il me fallait pour y procéder. Le
lheureux me suppliait; il s'accrochait à moi, comme
l espérait me fléchir. Jusqu'au moment où je repris
 filanza, il me harcela de ses prières auxquelles
tais hors d'état de répondre comme il l'aurait désiré;
 ne pus m'en tirer qu'en lui disant que je revien-
ais !...
Dans tous ces villages, du reste, je recevais le meil-
r accueil; le chef me faisait un présent de bienve-
e et y joignait le plus souvent un discours, où la
ne était portée aux nues; je répondais par un autre
cours à la glorification de la France, où j'exaltais
 puissance et sa grandeur, et nous nous séparions
 meilleurs amis du monde. Le soir, le propriétaire
 la case dans laquelle je m'arrêtais poussait l'hos-

pitalité jusqu'à m'offrir, jusqu'au lendemain matin, la
compagnie de sa femme ou de sa fille. Je le remerciais
de sa courtoisie avec beaucoup d'effusion ; mais, au
risque de mortifier mon hôte dans son orgueil de père
ou de mari, je déclinais son offre gracieuse. Je dois
ajouter que je n'y avais pas le moindre mérite, les
femmes malgaches, quoique parfois il y en ait d'assez
jolies, ne brillent pas par la propreté. J'en excepte
celles du plateau de Tananarive, qui ont soin de leurs
personnes. Celles-là peuvent quelquefois inspirer une
tentation passagère.

Cependant le chemin devenait de plus en plus difficile et de plus en plus escarpé, si étroit aussi que,
par endroits, c'est à peine si deux personnes pouvaient
y passer de front. Sans cesse nous croisions des porteurs descendant à Tamatave. Ces hommes sont d'une
force extraordinaire. Un jour nous en rencontrâmes
qui étaient chargés de peaux de bœufs ; quelques-uns
en avaient jusqu'à dix, empilées les unes sur les autres,
et ils devaient porter ces fardeaux pendant douze,
quinze ou vingt jours, selon le temps qu'il ferait :
car le voyage de *la Capitale*, comme on dit là-bas, à
Tamatave, est beaucoup plus long quand les orages
viennent ajouter de nouvelles difficultés à celles que
présente déjà le chemin.

Ces peaux, qui n'étaient qu'à demi desséchées, exha-
laient une odeur infecte, et chaque fois qu'il en passait
près de nous, nous en avions pour une bonne heure,

M. Pappasogly et moi, à nous remettre du soulèvement
de cœur que ces exhalaisons nous avaient occasionné ;
mais nos porteurs n'en semblaient nullement incom-
modés et, sans ralentir leur marche, ils échangeaient de
joyeux propos avec les gens que nous croisions.

Souvent aussi nous rencontrions des bœufs qu'on
allait embarquer à Tamatave pour la Réunion ou pour
Maurice. Un jour, nous nous trouvions dans un étroit
défilé que bordaient de chaque côté des rochers escar-
pés, lorsque se présenta un troupeau de ces animaux.
Nos hommes se collèrent contre les parois pour les
laisser passer ; mais la situation n'avait rien de bien
agréable, ni même de bien sûr, car les cornes de ces
bœufs sont beaucoup plus longues que celles des bœufs
de nos pays, et le moindre des dangers qu'on courût
c'était d'être éborgné. Aussi me hissai-je, comme je
pus, le long du rocher, en m'aggrippant à des lianes, et
je restai là, suspendu à la force des poignets, dans une
situation d'acrobate, tout le temps que défila le troupeau. Comme il se composait de deux cents animaux,
et qu'aucun d'eux ne jugea à propos de faire un pas
plus vite que l'autre pour délivrer deux voyageurs
(car mon secrétaire m'avait imité) de la position
fâcheuse où ils se trouvaient, nous demeurâmes ainsi
accrochés entre ciel et terre pendant près d'une demi-
heure que dura le passage du troupeau. Cet arrêt nous
avait mis en retard : il fallait rattraper le temps perdu.
Cela donna occasion à mes porteurs de se livrer à une
de ces courses effrénées dans lesquelles ils semblaient se

lancer des défis les uns aux autres, principalement à l'approche des villages où ils ne voulaient faire que des entrées triomphales, un peu par gloriole peut-être, un peu aussi, je finis par m'en apercevoir, dans la crainte de trouver toutes les provisions épuisées par ceux qui les avaient précédés.

Quoi qu'il en soit, ce même jour, ils envahirent le village où nous devions prendre notre premier repas dans un tel pêle-mêle et en y causant un tel désordre, qu'un bœuf — était-ce un retardataire du troupeau que nous venions de croiser, c'est ce que je ne saurais dire — fut pris de panique. Il se mit à courir, en bête affolée et sans regarder devant lui, jusqu'à ce qu'un profond ravin se trouvant sur son passage, il y dégringola.

Grand émoi dans le village. C'est l'entrée tumultueuse de mes hommes qui a causé le dommage; c'est à moi de le réparer en payant le bœuf qui, sûrement, gît mort au fond du ravin. La réclamation ne manque pas de justesse et je suis disposé à m'y soumettre, d'autant que le prix d'un bœuf à Madagascar n'a rien de commun avec celui d'un bœuf à l'abattoir de la Villette, et que je dois en être quitte avec une ou deux pièces de cinq francs. Toutefois, avant d'annoncer que je consens à faire droit à la revendication, je veux savoir ce qu'est devenu l'animal. Je me dirige vers le ravin, suivi du chef du village et des notables de l'endroit, et que voyons-nous ? Le bœuf paissant bien tranquillement l'herbe qui croît au fond, et ne paraissant nullement

4

souffrir de la manière un peu brusque dont il y est parvenu.

Profitant de la circonstance, selon mon habitude, pour exalter la France : — Vous voyez, dis-je, ce que peuvent les Français ; cet animal devait trouver la mort au fond de ce ravin ; mais j'ai ordonné qu'il en fût autrement et il n'a eu aucun mal !

———————

XIII

Le pouvoir que j'avais de faire sortir du feu de la terre, et cette nouvelle conclusion que je tirais de la chute inoffensive du bœuf avaient inspiré à mes hommes, une si grande confiance en moi que je pouvais maintenant exiger d'eux tout ce que je voulais ; j'en eus la preuve le lendemain même.

Nous traversions cette fameuse forêt d'Alamazaotra, si épaisse et d'accès si difficile que le roi Radama Ier la comptait comme une de ses deux meilleures défenses quand il disait : « J'ai deux généraux qui ne laisseront jamais les ennemis approcher ; ce sont : *Tazo*, la fièvre, et *Hazo*, la forêt. Mes hommes s'avançaient au pas accéléré comme toujours, formant une ligne interminable, dans des sentiers à peine frayés, riant, babillant et chantant selon leur habitude, lorsque, tout à coup, nous

nous apercevons qu'un incendie vient de se déclarer.
La cause ? Je ne l'ai jamais connue. Epouvantés, mes
porteurs veulent retourner sur leurs pas, mais le danger n'était pas moindre d'un côté que de l'autre, car
le feu pouvait aussi bien nous barrer la route en
arrière qu'en avant. Je leur intimai l'ordre de redoubler
de vitesse et de continuer à avancer. Ils s'y refusent
d'abord.

— Avez-vous confiance en moi ? demandai-je.

— Oui, me fut-il répondu ; tu es puissant, mais tu ne
peux pourtant pas commander à l'incendie de s'arrêter.

— Croyez-vous que celui qui fait sortir le feu de la
terre ne peut pas empêcher celui-ci de nous atteindre ?

— C'est vrai ! s'écrient quelques-uns pendant que
les autres gardent le silence.

— Eh bien ! obéissez-moi et je vous jure qu'il ne
vous arrivera rien. En avant ! et au triple galop !

Et les voilà, se lançant de toute la vitesse de leurs
jambes agiles entre les arbres qui craquent, les branches
qui crépitent, les arbrisseaux qui grésillent, les
buissons autour desquels tournoient des langues de feu.
Les lianes, les fougères arborescentes secouent sur nos
têtes une pluie d'étincelles. Mes porteurs continuent
à courir avec une rapidité vertigineuse ; la terreur leur
met encore des ailes aux talons. Du reste leur vie aussi
bien que la mienne dépend de leur célérité ; s'ils
s'arrêtent, s'ils ralentissent leur allure, c'en est fait
de nous. Ils le sentent et redoublent encore, s'il se
peut, de vélocité. Après un grand quart d'heure d'une

course effrénée, ils arrivent enfin à une petite rivière qui barre la route aux flammes.

Quand nous fûmes parvenus de l'autre côté, les pauvres gens reprirent haleine, et, me regardant avec admiration, ils échangèrent entre eux leurs réflexions à mon sujet ; mais si la conclusion de leurs discours fut que j'étais le diable, au moins purent-ils se dire que j'étais un bon diable.

Quant au moyen que j'avais employé pour échapper à l'incendie et qui consistait simplement à établir, par l'extrême rapidité de la course, un courant d'air assez violent pour qu'il nous frayât un passage à travers les flammes, je ne crois pas qu'aucun d'eux fût capable de s'en rendre compte

Après la traversée de la forêt, le paysage changea d'aspect ; nous étions parvenus presque au point culminant du plateau ; certains signes d'une civilisation plus avancée se faisaient voir çà et là. Les maisons étaient mieux construites, et entre les vallées s'étendaient de vastes rizières, savamment irriguées, à l'aide de canaux en maçonnerie. Il y avait des ponts sur les cours d'eau et même des ponts en pierre, tandis que sur tout notre passage nous n'en avions pas vu un seul, si ce n'est peut-être quand un orage (ils sont terribles là-bas) avait jeté un arbre en travers d'un ravin. Tous ces ouvrages d'art ont été exécutés dans la première partie du siècle, sous le règne de Radama Ier. Les gens que nous croisions étaient aussi moins misérablement vêtus ; les femmes même dé-

4.

ployaient une grande coquetterie dans leur parure et drapaient leurs lambas aux vives couleurs avec beaucoup d'élégance. Leurs cheveux noirs, non pas crépus comme ceux des nègres, mais lisses et brillants et bouclés naturellement, étaient très coquettement arrangés. Elles nous accordaient généralement un sourire, à mon secrétaire et à moi, quand nous passions près d'elles, accompagné d'un aimable « bonjou mossieu. » Cet accueil n'avait pourtant rien de bien particulièrement flatteur, les femmes hovas passant — à juste titre — pour avoir des mœurs extrêmement faciles et pour faire surtout bonne mine aux étrangers.

Certains villages sont entourés de murs de pierre dont on ferme l'entrée avec une pierre ronde, en forme de meule, qui roule entre deux pierres dressées comme des menhirs. C'est à la fois primitif et extraordinaire. Des tombeaux se montraient çà et là sur notre chemin ; c'est que le peuple hova tient essentiellement à avoir une dernière demeure à son goût. Il lui est indifférent d'être mal logé tant qu'il est vivant ; mais, quand il est mort, il tient à l'être confortablement. On rend du reste de grands respects aux morts et on célèbre en leur honneur des fêtes qui dégénèrent souvent en orgies, mais est-il besoin d'aller à Madagascar pour cela ?

XIV

Nous venons de quitter Ambatomanga lorsque tout
à coup, après avoir gravi une dernière pente, un spectacle magique se déroule à nos yeux,

La vue s'étend à une distance infinie sur une vaste
plaine que traverse une belle rivière, l'Ikopa, dont les
eaux entretiennent partout la fraîcheur et la fertilité.
Tout à l'extrémité de l'horizon, profilant sur le ciel la
silhouette étrange de ses palais, Tananarive se dresse
au milieu des rizières qui lui font une verte ceinture.

Aussitôt qu'ils l'aperçoivent, mes porteurs s'arrêtent
et, levant les bras au ciel, avec de grands gestes, ils
s'écrient :

— Antatanarivo ! Antatanarivo ! Antatanarivo ! la
belle !

Et ils poussent des exclamations de joie, accompagnées des paroles les plus enthousiastes, adressées à la « Capitale ».

Voir Tananarive, cela ne veut pas dire qu'on y soit, car on l'aperçoit de vingt-quatre ou vingt-cinq kilomètres. Le chemin se poursuit en ondulations qui font que souvent nous perdons la ville de vue pendant un quart d'heure, une demi-heure, pour la retrouver ensuite un peu plus distincte. Un grand nombre de villages se montrent de tous côtés ; les alentours en sont bien cultivés : le manioc, les patates, des plantes légumineuses de toute sorte y croissent en abondance ; des poules, haut perchées sur leurs pattes rouges, picorent çà et là comme dans nos villages de France. Tout annonce la vie et le mouvement et signale l'approche de la capitale.

Maharidaza, dernière étape avant Tananarive. — Il s'agit de reprendre un aspect européen. Je tire de ma valise un « complet » neuf, en flanelle blanche, ainsi que les autres vêtements des hommes civilisés, et me dispose à faire une toilette en règle, dans la case où j'ai passé la nuit et que j'ai louée, selon l'usage, pour un fragment de pièce de cinq francs équivalant à quatre ou cinq sous. Je procède à cette opération avec la liberté qu'on croit pouvoir se permettre entre les quatre murs d'une chambre fermée, quand je m'aperçois que des regards indiscrets se glissent entre les volets, entr'ouverts pour laisser passer le jour. Ces braves Hovas, hommes et femmes, garçons et

filles, sont également désireux de voir comment s'y
prend un blanc pour faire disparaître sur sa personne
les traces du voyage. Pour les punir de leur curiosité,
je les baptise du contenu de ma cuvette — une sorte
de vieille marmite — remplie d'eau de savon. Mais le
châtiment tourne en récompense : car, à ma grande
surprise, je les vois aussitôt se jeter à terre et s'age-
nouiller d'un air de béatitude devant la mare blanchâtre qui vient de se former devant ma fenêtre. Ils la
touchent presque du visage, si bien que je crois qu'ils
y trempent la langue ; mais non, ils se contentent d'y
tremper le bout de leur nez et d'en humer l'odeur de
rose avec une profonde satisfaction. Ils en délectent
leurs narines, car ils adorent les parfums. C'est un
plaisir que je leur fournis à plusieurs reprises ce
matin-là.

Mes hommes aussi ont fait toilette : cette toilette
a-t-elle été bien minutieuse, c'est ce que je ne saurais
dire ; mais enfin ils ont repris la tunique de coton
blanc ou *akanjo* qu'ils portent par-dessus le *salaka* et
préparé leur *lamba*, cette pièce de toile blanche, un
peu plus grande qu'un drap de lit, dans laquelle ils se
drapent, hommes et femmes, avec beaucoup d'élégance et qui est le trait distinctif du costume national.
Avant d'entrer à Tananarive ils le disposeront sur
leurs épaules.

Après le déjeuner nous nous mettons en route, lon-
geant la rivière Ikopa. La « Capitale » grandit à chaque
instant à nos yeux. On prétend qu'elle a cent mille

habitants; en tous cas, elle présente un immense amphithéâtre, couvert de maisons, que domine le palais de la reine, reconnaissable à sa grande terrasse et à son triple rang de hautes arcades. Un peu plus bas, on distingue le palais du Premier Ministre, avec ses quatre tours carrées et son dôme central. La colline sur laquelle ils sont bâtis est bordée d'escarpements abrupts qui la rendent inaccessible de ce côté, tandis que le reste de la ville descend par molles ondulations vers les rizières qui l'entourent. La position est de tout point admirable; on comprend que les Malgaches soient fiers de leur capitale et qu'ils l'appellent :

Antatanarivo la belle !

XV

Après deux ou trois heures de marche, nous voilà au pied de la colline. Nouvelle halte; mes porteurs déplient leurs lambas; ils les drapent sur leurs épaules, car ils veulent plus que jamais faire une entrée triomphale. Les femmes de quelques-uns sont venues au-devant de leurs maris pour leur souhaiter la bienvenue, et aussi pour apporter à ceux auxquels il manque, ce complément de toilette dont les Hovas sont très fiers et qui ma foi! est d'un beau caractère.

Il ne s'agit plus que de gravir le chemin en casse-cou qui mène de la porte de la ville à l'intérieur. C'est l'affaire d'un bon quart d'heure, au triple galop, car il ne s'agit pas de se glisser mystérieusement dans la Capitale, mais bien d'y faire sensation. Mes porteurs imaginent de me conduire à la mission Bishops, autrement dit à la résidence anglaise; cela ne fait pas du tout mon affaire et j'ai grand'peine à m'expliquer avec eux et à leur faire comprendre qu'ils doivent d'abord me mener à un hôtel, afin que j'y retienne un logement ; mais cette ville, dont le nom, Tananarive, signifie les *mille villages*, ne possède pas un hôtel, ou du moins n'en possédait pas un à cette époque. J'ignore s'il en est autrement aujourd'hui.

Après bien des tours et des détours, dans des ruelles qui font des circuits infinis entre les maisons de Tananarive, lesquelles ne se piquent pas d'alignement et se placent au gré du propriétaire sans le moindre souci de la symétrie, je parvins à savoir qu'un certain Wilkinson pouvait me loger.

J'ordonnai donc à mes porteurs, moi toujours juché sur ma *filanza*, de prendre le chemin de sa maison.

Comme j'y arrivais, je fus témoin d'un singulier spectacle : mon futur propriétaire, armé d'un pistolet, se tenait à l'une des fenêtres du rez-de-chaussée, vomissant des injures qui s'adressaient à son voisin d'en face, un certain Tecchi, Anglais, en dépit de son nom italien, et rédacteur en chef du *Madagascar Times,* journal de Tananarive, qui se publie en trois langues, anglaise, française et malgache, et sert d'organe à la mission anglaise. C'est dire qu'il ne se gêne pas pour répandre la calomnie sur tout ce qui est français (1).

----

(1) Ce qui était vrai en ce temps-là l'est encore aujourd'hui, si ce n'est que le *Madagascar Times* a changé de nom et s'appelle maintenant le *Madagascar News*.

Le rédacteur en chef du *Madagascar Times*, armé
comme son adversaire, se tenait, lui aussi, près de sa
fenêtre ouverte, se montrant et disparaissant tour à
tour, répondant aux injures qu'on lui adressait par
des injures du même genre.

J'allais assister à un duel à l'américaine.

J'ai toujours eu en horreur de voir répandre le
sang, et même, après tous les dangers que j'ai courus, je peux dire, avec vive satisfaction, que, si j'ai eu
souvent à défendre ma vie, je n'en ai jamais été réduit
à sacrifier celle d'un autre.

Voyant ce qui se passait, je sautai en toute hâte de
ma filanza, m'élançai vers M. Wilkinson et lui saisissant le bras :

— A quoi pensez-vous, lui dis-je, et pourquoi voulez-
vous tuer cet individu ?

— Ah çà ! qu'est-ce qui vous prend, à vous, et de
quoi vous mêlez-vous ? me dit-il en cherchant à se
dégager, ce qui n'était pas facile : quand je tiens, je
tiens bien.

— Je suis Français, dis-je, et je ne veux pas voir
assassiner un homme sans chercher à le défendre.

— Ça, un homme ! répond Wilkinson avec colère ;
c'est un chien ! c'est... Oui, il m'a diffamé dans son
journal, il m'a ruiné en me déconsidérant aux yeux du
Résident de France, il a terni ma réputation, il a dit...

Par le fait, ce Tecchi n'avait pas eu grand mal à
« ternir la réputation » du personnage, laquelle ne
brillait pas d'un bien vif éclat : lui-même plus que tout

5

autre, avait contribué à lui enlever son lustre. C'était
une de ces créatures auxquelles la politique qui, on
le sait, a d'assez vilains dessous, est parfois obligée
d'avoir recours, tout en les désavouant, et M. Le Myre
de Vilers, en effet, avait placé ce Wilkinson sous la
protection des lois françaises. Le journaliste anglais,
ayant eu vent de ses intrigues, avait assez malmené
l'agent subalterne qui, se trouvant offensé dans sa
dignité, voulait s'en venger par un coup de pistolet.

J'eus grand' peine à calmer ce fou. J'y parvins
néanmoins et je m'arrangeai avec lui pour la location
de sa maison, que, du reste, je ne gardai pas longtemps ;
elle n'était pas assez vaste pour les nombreux bagages
qui m'accompagnaient. Peu de jours après j'en trouvai
une autre, qui me convenait d'autant mieux qu'elle tou-
chait à la Résidence de France.

Après une installation sommaire que je laissai
compléter par mon secrétaire et mon domestique, et
après avoir mis en ordre ma toilette, je remontai en
filanza et pris le chemin de cette même Résidence,
pour remettre à M. Le Myre de Vilers les lettres de
recommandation que m'avaient données pour lui
M. Joël le Savoureux, M. Buchard et différentes
autres personnes de Tamatave.

En y arrivant, je trouvai notre représentant furieux.

— Vous arrivez trop tard ! me dit-il après avoir parcouru les lettres que je lui avais fait remettre. Je ne
peux pas rester davantage ici ; je suis joué, berné, et
la France avec moi ! Cela ne convient ni à ma dignité,

ni à celle de mon pays : je pars. Demain je quitte
Tananarive et je retourne à Tamatave pour y attendre
les instructions de mon gouvernement.

C'était ce qui s'appelle échouer au port et cela ne
faisait pas mon affaire. Tous mes projets, toutes mes
espérances s'en allaient à vau-l'eau avec ce départ. Je
devais alors faire tout mon possible pour l'empêcher.
Je savais que le départ de notre Résident général équi-
valait à une déclaration de guerre ; à tout prix il fallait
l'arrêter. Je suppliai donc M. Le Myre de Vilers d'attendre quelques jours. — Vous voyez, lui dis-je, que
ces messieurs — parlant de ceux qui m'appuyaient
près de lui — fondent de grandes espérances dans mon
art pour agir sur l'esprit de la reine. Laissez-moi
essayer ; accordez-moi quelques jours. Qui sait si je
ne réussirai pas à la ramener à des sentiments plus
favorables à la France ?

— Elle, je ne dis pas ; elle est, je le crois, assez
bien disposée pour nous. Mais elle n'est la maîtresse
que de nom. C'est son mari, ce Rainilaïarivony qui
fait tout, qui dirige tout et nous n'avons pas d'ennemi
plus acharné, si ce n'est les Anglais qui le conseillent.

— J'ai aussi un message pour lui de Rainidryamanpandry, le gouverneur du camp de Souadiram,
permettez-moi d'en essayer l'effet.

— Qu'en espérez-vous donc ?

— Je ne sais pas, mais laissez-moi du moins tenter
quelque chose.

— Comme vous voudrez, répliqua-t-il avec un geste

de découragement, mais vous n'obtiendrez rien.

Je lui demandai la permission de conserver de l'espérance, et, le quittant, je me fis porter chez le Premier Ministre, qui habite au palais même de la reine.

XVI

Rainilaïarivony avait alors dépassé la soixantaine. Il est petit de taille; ses yeux, vifs et perçants, regardent bien en face; il a le front découvert; son nez, comme chez la plupart des Hovas, rappelle un peu celui de la race juive et est à la fois gros, busqué et épaté. Son teint, très foncé, tire sur le chocolat clair; sa bouche est petite, un peu pincée et dénote une grande finesse; ses moustaches, soigneusement peignées et blanchies par l'âge, subissent l'opération de la teinture, ce qui se voit à la racine du poil. La coupe de ses vêtements est très correcte, et sa tenue toujours irréprochable. Il porte des chemises immaculées et le plus souvent une cravate blanche, sur laquelle chatoie une épingle de diamants. Il est de même parfaitement chaussé et il a du reste les pieds très petits; enfin,

il est extrêmement soigné de toute sa personne. Un
gros anneau d'argent est passé à son doigt et une
longue chaîne d'or, de fabrication malgache, comme
l'annéau, fait le tour de son cou et soutient un beau
chronomètre. Ce serait peut-être le seul objet dans sa
toilette qui, à cause de la grosseur des chaînons,
pourrait être taxé de mauvais goût.

En résumé, l'ensemble de sa physionomie est
farouche, annonce une grande énergie qui tient du
despote, une volonté peu commune, et l'on sent dès le
premier abord, lorsque son regard est fixé sur vous,
qu'il cherche à pénétrer le fond de votre pensée. C'est,
somme toute, un rusé et habile diplomate, connaissant
à fond les hommes et les choses, rompu à la politique
et que l'on pourrait, à juste titre, appeler le Bismarck
de l'Orient. Il s'applique sans cesse à ménager celui-ci
ou celui-là. Cette appréciation est également celle de
M. Le Myre de Vilers, comme on pourra en juger par
le fragment que je détache d'une lettre que celui-ci
m'adresse :

« Selon son habitude, le *Dictateur* joue la politique
» de bascule, afin de ne mécontenter personne et d'ex-
» ploiter tout le monde.

» Il est trop vieux pour faire longtemps cet exercice,
» qui exige de la souplesse et de la jeunesse. »

J'ajouterai que le Premier Ministre est véhémente-
ment soupçonné d'avoir trempé dans l'assassinat du
roi Radama II, mort après deux ans de règne, et dont
le crime était de se montrer trop ami de la France. Il

est le véritable roi de Madagascar depuis trente ans, ayant été le mari des trois reines qui ont occupé le trône successivement.

Il est du reste haï de tout le monde et il n'y aurait rien d'étonnant à ce qu'il fût « sagayé » par son peuple avant la fin de la guerre.

Le Premier Ministre me reçut fort bien, grâce sans doute aux lettres de recommandation du général commandant le camp de Souadiram, et, une heure après avoir quitté la Résidence, j'y rentrais en triomphe. J'avais obtenu de Rainilaïarivony qu'il viendrait passer la soirée du lendemain chez M. Le Myre de Vilers, et je m'étais engagé à faire devant lui quelques-unes des expériences dont lui parlaient les lettres qu'il avait reçues, et qui avaient excité la surprise et l'admiration de ceux qui les lui adressaient.

Quand j'annonçai à M. Le Myre de Vilers le résultat de ma démarche, il me regarda avec stupéfaction.

— Eh bien ! finit-il par dire, vous êtes un habile homme !

Puis il s'empressa de donner des ordres pour que la réception qui devait avoir lieu fût aussi brillante que possible. De mon côté, je me hâtai de rentrer chez moi, afin de préparer quelques expériences propres à frapper l'imagination, en ayant soin néanmoins de conserver les plus saisissantes pour le jour où je serais reçu par la reine, ce qui, j'espérais, ne tarderait pas.

Le lendemain, à l'heure dite, le Premier Ministre se

rendait au palais de la Résidence, accompagné de la
sœur de la reine, des ministres et des grands personnages de la cour.

Une double rangée de soldats portant des torches
formait la haie sur leur passage. Par cette nuit
étoilée qui mettait l'illumination au ciel aussi bien que
sur terre, le spectacle ne manquait pas de grandeur.
Je pus en jouir de la terrasse du palais de la Résidence,
du haut de laquelle, mes préparatifs terminés, j'attendais, en compagnie de M. Le Myre de Vilers, les hôtes
du représentant de la France. Le cortège s'avançait dans
la rue assez large, mais raboteuse, qui mène du palais
à la Résidence, et on en suivait les détours à l'aide des
feux mouvants que portaient ceux qui le composaient.

J'improvisai diverses expériences qui intéressèrent
vivement le Premier Ministre et les personnages qui
l'accompagnaient, mais celle qui le frappa le plus ce
fut une expérience de suggestion. Je mis entre ses
mains une ardoise que j'essuyai sous ses yeux et que
lui-même essuya ensuite soigneusement avec son mouchoir. Je le priai de regarder si elle ne portait aucune
inscription. Il déclara par la bouche d'un interprète
qu'il n'y voyait rien d'écrit.

Mais, y ayant jeté les yeux une seconde fois, il lut
cette phrase, tracée en caractères malgaches : « Ton
pays sera sauvé si tu n'acceptes, comme alliés, que les
représentants de la France. »

Ces paroles mystérieuses parurent le rendre rêveur
pour un instant ; mais était-ce à cause du sens qu'elles

renfermaient ou bien cherchait-il simplement à deviner par quel moyen le conseil lui était parvenu ? C'est ce que je ne saurais dire.

La sœur de la reine voulut aussi avoir son tour et il fallut que je lui consacrasse quelques instants. Je ne m'attarderai pas à dire quels exercices je fis pour la contenter. Deux mots seulement pour la peindre.

Elle est l'aînée de Ranavalo III et avait droit au trône ; aussi est-elle en conspiration constante contre sa sœur. Tous les mécontents, et il y en a toujours dans une cour, se réunissent autour d'elle. Noire, grosse, déformée, elle porte, en sa qualité de veuve, ses cheveux crépus épars, ce qui ne contribue pas à l'embellir. On comprend que Rainilaïarivony, lors de la mort de la reine Rasohérina, lui ait préféré sa sœur cadette. Du reste cette princesse ne se contente pas d'être un monstre de laideur au physique ; c'est également au moral un monstre de cruauté, de perversité, d'inconduite : une véritable Messaline.

Le Premier Ministre fut si content des preuves d'habileté que je lui avais données qu'il m'en témoigna toute sa satisfaction, et comme son interprète employait, pour les qualifier, le mot de « sorcellerie », je lui fis répondre qu'il n'y avait pas là la moindre sorcellerie, mais seulement de la science, de la *science française*.

Nous étions alors seuls, le Premier Ministre et moi, avec le Résident de France, dans un petit salon où, la séance terminée, M. Le Myre de Vilers avait fait

5.

apporter du champagne — toujours du champagne, —
et nous causions tous trois avec une tranquillité bien
différente de l'état d'exaspération où j'avais vu la veille
M. Le Myre de Vilers. On devine ma satisfaction en
voyant que j'étais arrivé, en si peu de temps, à produire un revirement pareil, et les augures que j'en
tirais pour l'avenir.

XVII

Ainsi que je l'ai dit, je n'étais pas resté longtemps chez le bouillant Wilkinson, et je m'étais hâté de chercher un logis où je ne fusse pas exposé à être réveillé par des coups de revolver. Je m'y étais installé et j'avais eu soin d'arrêter quatre porteurs de filanza : car, pas plus à Tananarive qu'à Tamatave et que dans tout l'Orient du reste, on ne sort jamais à pied. Les hommes que j'avais pris pour ce service étaient toujours là, devant ma maison, jouant, riant, jacassant et attendant mes ordres. La nuit, ils se retiraient dans une petite case sur le derrière. Ces pauvres gens ne recevaient pour salaire qu'une mesure de riz, de la valeur d'un verre environ, que je leur versais, chaque matin, dans un pli de leur lamba qui leur sert de poche. Ils emploient pour le faire cuire, une grossière mar-

mite de terre, placée sur trois briques, faisant office
de cheminée, disposées au milieu de leur case, et entre
lesquelles ils allument du feu. La fumée se comporte
comme il lui plaît et sort par où elle peut. De temps
en temps, dans ma munificence, je joignais à cette
mesure de riz un fragment de pièce d'argent valant
quatre ou cinq sous, ce qui excitait leur joie au plus
haut point.

Ils portaient le lamba blanc, usité dans le pays, et
avaient pour coiffure une sorte de petite calotte de
paille, assez semblable, quant à la forme, à la barrette
des prêtres, et qu'entourait un galon de laine rouge.
C'était à peu près la même que celle des porteurs de
la Résidence, avec lesquels on aurait pu les con-
fondre.

Mon personnel se complétait d'une femme qui
aidait mon petit domestique à faire le ménage et la
cuisine, à aller chercher de l'eau. Elle était du reste
absolument à ma disposition, la nuit aussi bien que le
jour, et aurait volontiers, faute de mieux et si je l'avais
voulu, couché sur la natte au pied de mon lit. Je la
surpris beaucoup, et même peut-être l'humiliai-je fortement en lui disant que, son service fini, elle pouvait
retourner chez elle jusqu'au matin.

C'est le lendemain de la séance chez M. Le Myre
de Vilers qu'éclata dans la ville l'incendie dont j'ai
rendu compte au commencement de ce récit, et dont
j'eus le bonheur, en compagnie de M. Pappasogly et

de M. Rigaud, l'ingénieur de la Résidence, de conjurer les effets.

La reine, je l'ai dit, du haut de son palais, avait été témoin de cet embrasement et de nos efforts pour empêcher les flammes de s'étendre. Le lendemain elle m'envoya, comme cadeau de bienvenue, avec ses félicitations et ses remerciements, une oie grasse, des œufs et de la salade.

Ces dons royaux ne rappellent-ils pas les âges antiques ?

Je suis persuadé que Sa Majesté éprouvait une vive curiosité au sujet du « diable noir » qu'elle avait vu courir au milieu du brasier, et que les récits qui lui avaient été faits des séances que j'avais données, tant au camp de Souadiram qu'à Tamatave, et la veille à la Résidence, n'avaient pas diminué cette impression.

Je ne fus donc pas très étonné lorsque je reçus de Sa Majesté une invitation à me rendre au palais. Quoique le Premier Ministre m'eût témoigné beaucoup de bienveillance aussi bien pendant la visite que je lui avais faite le jour même de mon arrivée que pendant la soirée chez M. Le Myre de Vilers, je n'avais pas encore osé solliciter une audience de la reine et je fus d'autant plus flatté de celle qu'elle voulait bien m'accorder.

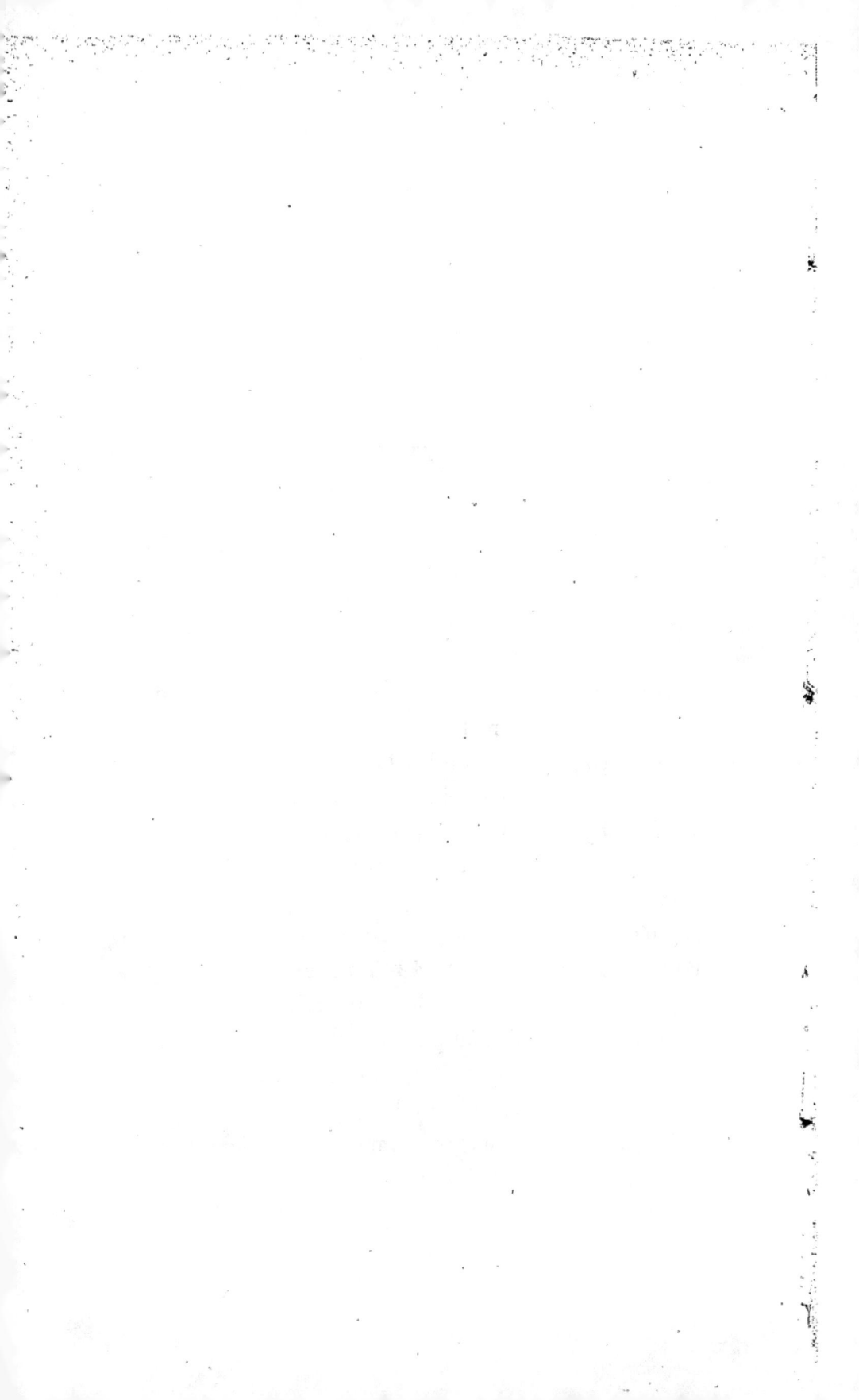

XVIII

Ayant appris que j'avais servi comme capitaine dans l'armée française en 1870, — j'avais même eu l'honneur d'être porté trois fois à l'ordre du jour et proposé pour la croix par les généraux Du Temple, de Pointe de Gévigny et Farre, — la reine pensa qu'elle devait me recevoir avec les honneurs militaires. Donc, deux aides de camp vinrent me prendre chez moi, accompagnés d'un officier de la maison de la reine, Marc Rabibisoa, qui était alors 12e honneur, — on sait qu'à Madagascar les « honneurs » équivalent à des grades, — pour me conduire au palais. — Cette escorte répond à la voiture que, en France, on envoie à un grand personnage pour le conduire à l'Élysée.

On juge de ma surprise quand cet officier, un beau garçon de trente à trente-cinq ans, m'aborda par cette phrase en patois toulousain : *Adissiax, moussu, quouci a nax?* — Bonjour, Monsieur, comment vous portez-vous? prononcée presque avec l'accent du terroir.

Il m'apprit alors qu'il avait été élevé dans le midi de la France par les Pères Jésuites. Il avait su sans doute, par mon passeport, que j'étais de Toulouse, et deviné que ce salut de bienvenue ne pouvait manquer de me faire plaisir.

Ce Marc Rabibisoa, avec lequel, tant que je restai à Tananarive, j'eus des rapports constants et très agréables, était un homme très intelligent, aimant son pays d'adoption presque à l'égal de son pays natal; très dévoué à la reine et personnage très considérable à la cour.

J'avais été prévenu et j'étais sous les armes, c'est-à-dire que j'avais endossé mon habit noir, qui se ressentait bien un peu d'un long séjour dans ma malle. J'avais mis, bien entendu, toutes mes décorations, et dès que mon escorte fut arrivée, je montai en filanza.

Nous en descendîmes à la porte de l'enceinte du palais, le *Rova*, comme on l'appelle.

Quand on arrive sur l'immense place où s'élève le palais de la reine, on éprouve une sorte de saisissement. Cette place occupe le point culminant de la colline sur laquelle est située Tananarive et commande la vue la plus étendue sur tout le plateau d'Emyrne. Le soleil jette des nappes de lumière éblouissante sur les rizières qui entourent la ville, et que coupent des canaux allant rejoindre la rivière Ikopa, qu'on voit étinceler dans la plaine. L'horizon est formé au loin par des montagnes bleuâtres.

Cette place, qu'entourent d'abrupts escarpements, forme une sorte de vaste terrasse dont le sol est maintenu par des murailles en pierre. Elle est bordée de pieux de bois, serrés les uns contre les autres et taillés en pointe. A l'extrémité s'élève le *Manjaka Miadana* ou palais de la reine. Sa hauteur totale est d'au moins quarante mètres, dont seize à dix-sept pour le toit.

Cet édifice fait un très bel effet, par sa position d'abord, puis par l'originalité de sa structure ; mais il paraît qu'il était bien plus original encore autrefois.

Il avait été élevé par M. Laborde, un de nos compatriotes — le grand Laborde, comme on dit à Tananarive — et la triple rangée d'arcades superposées qui l'entourent était en bois. L'architecte anglais, Cameron, l'a modifié, — et défiguré, dit-on, — en remplaçant les colonnades de bois par des arcades de pierre lourdes et massives, qui lui ont enlevé tout son caractère sans lui donner plus de solidité, puisqu'il menace ruine. Deux paratonnerres le surmontent et ne sont pas inutiles, car il est peu d'endroits où les orages soient aussi terribles qu'à Tananarive et où la foudre tombe plus souvent.

Autour de la place était rangée l'élite de l'armée hova. Tous beaux hommes ; les officiers portant de brillants uniformes et des armes resplendissantes ; c'est la garde d'honneur de la reine ; mais si l'on jugeait des forces militaires du pays sur cet échantillon, on risquerait fort de se tromper sur leur valeur.

J'eus tout le temps de faire mes observations pendant que les fanfares jouaient le *Sidikina*. C'est l'air de la reine dont j'ai déjà parlé. Par le *Sidikina* commencent tous les concerts, toutes les cérémonies. Dans les églises catholiques, dans les temples protestants on le joue tous les matins ; c'est une sorte de *Domine Salvum*. On l'écoute debout, le chapeau à la main, ce qui ne laisse pas de présenter certain danger d'insolation par un soleil aussi ardent que celui qui baignait la place le jour de ma réception.

Lorsque je suis au milieu de la cour, on me dit de m'arrêter : le Premier Ministre s'avance, entouré de son état-major, tandis que les instruments continuent à jouer des airs nationaux qui ne manquent pas d'agrément, les Malgaches ayant le sentiment inné de la musique. Ces airs alternent avec la *Marseillaise*. Rainilaïarivony fait un signe. Aussitôt, deux grandes tentures qui fermaient la vérandah régnant autour du palais s'ouvrent ; la reine apparaît, assise sur son trône et la tête abritée par le parasol rouge, surmonté d'une boule d'or, emblème de la royauté, sans lequel elle ne se montre jamais en public et que portent quatre officiers en tenue irréprochable. Ce parasol rappelle le dais qu'aux jours de cérémonie religieuse on soutient au-dessus du prêtre qui porte le Saint-Sacrement. La reine a une robe resplendissante, venant probablement de Paris : car, parmi les présents qu'on peut offrir à une jeune souveraine, on sait que ce qui concerne la parure est toujours bien reçu. Sa Majesté, du reste, porte sa toilette avec beaucoup de distinction. Au moment où je la salue respectueusement, elle-même incline la tête. Les officiers qui m'accompagnent m'invitent à me remettre en marche dans la direction de la vérandah. J'en suis d'autant plus aise que l'ombre du palais portant de notre côté, je ne serai plus exposé aux flèches ardentes du brûlant soleil.

Le Premier Ministre fait un pas en avant pour me recevoir sur le seuil, me tend la main et m'adresse un compliment de bienvenue en langue malgache, qui m'est traduit immédiatement en ces termes par Marc Rabibisoa :

« Sois le bienvenu, toi qui te présentes comme ami de la paix ; toi qui viens pour nous faire part de ta science ; toi dont le nom a retenti différentes fois à nos oreilles ; toi que l'on dit favorisé d'un pouvoir surnaturel, et qui, par les soins que tu as donnés à notre peuple, partout sur ton passage, en soignant les malades, as su prouver que toutes les branches des connaissances humaines t'étaient connues et que tu les mettais à profit pour soulager l'humanité ; toi qui, hier encore, as su arrêter l'incendie terrible qui menaçait de réduire une partie de notre ville en cendres ; toi qui nous as montré, au milieu des flammes, par ton courage et ton sang-froid, que tu étais plus puissant, plus brave et plus savant que nous ; toi qui peux commander aux nuages de s'arrêter, au tonnerre de gronder, à l'orage de cesser, sois le bienvenu parmi nous. Je te salue au nom de nos aïeux, au nom de Sa Majesté à qui nous allons te présenter, en mon nom personnel et au nom de l'armée. Tu la vois devant toi, cette armée, non pour te menacer, mais pour te défendre, s'il en était besoin, pendant tout ton séjour dans l'île. »

N'ayant pas été prévenu de l'importance du discours qui devait m'être adressé, je n'avais rien préparé et je dus immédiatement improviser une réponse dont le fond était que je venais en effet comme envoyé de la ligue de la paix et avec le désir de mettre ma science de magicien, d'astronome et de médecin à la disposition de Sa Majesté et du peuple malgache, que j'avais appris, en peu de temps, à apprécier et à aimer ; que je remerciais en particulier Son Excellence de la bienveillance que me témoignait une personne pour laquelle j'éprouvais déjà un profond respect, tant à cause des dons naturels que le Ciel lui avait départis que pour sa haute sagesse et sa grande expérience des hommes et des choses.

Ce discours fut traduit en malgache par Marc Rabibisoa, et aussi en anglais, pour le Premier Ministre, qui parle couramment cette langue : car il contenait certains mots qui n'ont pas d'équivalent en malgache.

A un signal donné, les tambours battent aux champs, la fanfare résonne ; alors, me prenant par la main, le Premier Ministre me conduit à la reine et me présente lui-même à Sa Majesté. Celle-ci se soulève à demi sur son

siège, me salue gracieusement, et, par un geste plein
de dignité me fait signe de m'asseoir à sa droite, tandis
que le Premier Ministre prend place à sa gauche,
que deux dames d'honneur s'accroupissent à ses
pieds et que les assistants se prosternent, le front
touchant la terre, indignes qu'ils sont de regarder
leur souveraine en face.

XIX

Je pus alors distinguer les traits de la reine, ce que la distance m'avait empêché de faire jusque-là.

Ranavalo Manjaka III avait alors 23 ans et était par conséquent dans tout l'éclat de la jeunesse et de la beauté. Elle est mince, de taille moyenne ; et son teint n'est guère plus foncé que celui de bien des méridionales. Ses mains sont délicates ; ses attaches, fines et aristocratiques, dénotent la pureté de sa race. Ses beaux yeux veloutés ont une expression de douceur mystique et voluptueuse à la fois. Enfin, toute sa personne respire la grâce et la distinction.

Elle me fit demander, par l'entremise de l'interprète, si j'avais fait un bon voyage ; si je n'avais pas été trop «tracassé» — ce qui en effet arrive souvent aux étrangers — par les peuplades dont j'avais traversé le territoire, et enfin comment je trouvais son pays.

Je répondis comme je le devais à ces questions : que mon voyage s'était effectué de la manière la plus satisfaisante et que son pays était un des plus beaux que j'eusse visités.

Elle voulut ensuite savoir s'il était bien vrai que j'eusse fait ceci et cela : enfermé une carte dans une bougie, fait du café séance tenante avec des grains non broyés, trouvé au milieu d'une pelote de laine une dépêche arrivée à l'instant même de la Réunion, rappelant enfin toutes les expériences que j'avais faites à Tamatave, au camp de Souadiram et chez M. Le Myre de Vilers deux jours auparavant. Puis, se reprenant tout à coup, comme si elle avait commis un oubli, elle s'excusa de ne m'avoir pas encore félicité du courage que j'avais montré dans l'incendie, me dit qu'elle m'avait bien remarqué courant au milieu des flammes, mais n'ajouta pas qu'elle m'avait qualifié de « diable noir »; ce n'est que plus tard que je l'appris. Elle me tendit de nouveau la main. En me la serrant avec beaucoup de force, à cause du sentiment de reconnaissance qu'elle éprouvait, elle me causa une douleur très vive : car c'était précisément la main qui avait été blessée lors de l'incendie dont elle parlait, et j'eus peine à retenir un petit tressaillement.

Elle me posa ensuite beaucoup de questions sur la partie de la France que j'habitais, sur ma famille. Elle voulut savoir si j'étais marié, à quoi je lui répondis affirmativement, ajoutant que j'étais père d'un garçon

de seize ans et d'une fille dé dix-neuf ans. Je trouvais
même, lui dis-je, qu'il y avait entre Sa Majesté et ma
fille quelque vague ressemblance. Cette remarque ne
parut pas lui être désagréable.

Elle revint encore à l'impression que son pays avait
produite sur moi, et elle parut ravie quand je lui dis que
j'avais fait quatre fois le tour du monde et que mon
impression était celle-ci : Si le Christ revenait sur la
terre, c'est à Madagascar qu'il se fixerait. C'est à
peine s'il y avait un peu d'exagération dans ma
réponse; car, en effet, j'avais trouvé le pays admirable
sur tout mon parcours, de Tamatave à Tananarive.

La reine ne fut pas seule à être charmée de ma
réponse et le Premier Ministre en fut si satisfait qu'il
se la fit traduire et répéter plusieurs fois.

La conversation dura de vingt à trente minutes ;
puis la reine me demanda si je voulais me rafraîchir ;
j'acceptai avec une profonde inclination de tête. Sa
Majesté se leva, et, pendant que les officiers présentaient les armes, que la musique se faisait entendre,
elle descendit les trois degrés de son trône en me
faisant signe de la suivre. Elle se mit alors en marche
vers l'intérieur du palais, en donnant la main au Premier Ministre, à la manière usitée jadis à la cour de
France et dans la bonne société d'autrefois, c'est-à-
dire le bout des doigts seulement posés sur la main
du cavalier tenue très haut ;... ce qui, après tout, vaut
bien notre façon — sans façon — de marcher bras dessus, bras dessous.

6

Le rez-de-chaussée du palais est divisé en deux parties : l'une, appelée la *Salle des Ancêtres*, a conservé son aspect antique ; l'autre, la *Salle du Trône*, est meublée à la moderne. C'est dans cette dernière que nous pénétrâmes. Sur une petite table était disposée une collation où figuraient une pastèque tout ouverte dont les tranches roses s'étalaient sur des feuilles de bananier. Deux ananas superbes, comme on n'en voit guère qu'à Madagascar, dressaient de chaque côté leur cône doré, surmonté d'une couronne verte ; sur une assiette une pile de biscuits ; sur une autre des gâteaux secs, enfin, une rangée de verres de Baccarat, puis trois carafes, l'une contenant de l'eau claire, l'autre de l'eau sucrée, la troisième une sorte de sirop ayant l'apparence du sirop de groseille fait avec une fleur du pays, et d'une saveur à la fois sucrée et amère. — Je pris quelques tranches d'ananas. Quel parfum ! quel délice ! Les fruits durs et fades cueillis avant maturité et envoyés à Paris sous ce nom, ne peuvent en donner la plus faible idée. Rien que d'en parler il me semble encore sentir sur mes lèvres ce jus délicieux !...

La collation se termina par une petite tasse de fa--ham, infusion faite avec une plante du pays, dont le parfum tient à la fois de celui de la vanille et de celui du thé, et qui, comme ce dernier breuvage, se sert brûlant.

Je fus alors invité par la reine à faire quelques expériences. Comme je m'y attendais, j'avais, à tout hasard, mis un jeu de cartes dans ma poche ; je l'en tirai. Il était encore entouré de son enveloppe de papier et portait l'estampille du gouvernement.

— Son Excellence voudrait-elle bien, dis-je en le tendant au Premier Ministre, prendre la peine de l'ouvrir et de compter les cartes, afin de s'assurer qu'il est complet et qu'il en contient bien trente-deux ? Le Premier Ministre prit le jeu, déchira l'enveloppe, et se mit à compter en malgache :

— *Isa, roa, telo, efatra...* pendant que Marc Rabibisoa, traduisant à mesure, répétait :

— Un, deux, trois, quatre.

Arrivé à la trente-deuxième carte, le Premier ministre avait encore des cartes dans la main.

— Ah ! dis-je, il paraît que je me suis trompé : j'ai pris un jeu de whist. Ce n'est pas trente-deux cartes alors qu'il doit contenir, mais bien cinquante-deux.

Rainilaïarivony s'était remis à compter, suivi des yeux avec attention par la reine.

Arrivé à cinquante-deux il me regarda avec étonnement. — Qui se trompait de moi ou de lui ?

— Que Votre Excellence veuille bien continuer, lui dis-je.

Et il reprit :

Dimy folo telo, dimy folo efatra, dimy folo dimy.

— Cinquante-trois, cinquante-quatre, cinquante-cinq, et ainsi jusqu'à trois cents.

Les cartes s'amoncellent sur la table ; elles débordent jusque par terre à la stupéfaction générale.

— Voilà qui est bien étonnant, dis-je, et les fabri-

cants n'ont pas coutume d'être si généreux. Permettez
que je compte moi-même.

Je rassemble les cartes, je les réunis dans mes
mains ; elles semblent fondre sous mes doigts.

Je compte : un, deux, trois... jusqu'à dix-sept ; mes
mains sont vides.

— Qu'est-ce que cela signifie ? dis-je ; tout à
l'heure nous avions des centaines de cartes, maintenant il s'en faut de quinze que le jeu ne soit complet !
Mais, si je ne me trompe, c'est monsieur l'aide de camp
du Premier Ministre qui s'est amusé à les cacher.

Et m'approchant du grave personnage qui ne savait
trop quelle contenance garder, je tirai du revers de son
habit, tout chamarré de broderies, quatorze des quinze
cartes manquant pour compléter les trente-deux.

— Il s'en faut encore d'une, dis-je. Votre Majesté,
ajoutai-je en m'adressant directement à la reine, voudrait-elle me dire où elle désire qu'elle se retrouve ?

La reine promena ses regards autour d'elle, et les
arrêta sur un superbe piano d'Erard qui occupait un
des côtés du salon et qui avait remplacé le piteux instrument sur lequel Mme Pfeffer raconte qu'elle dut s'es-
crimer pour charmer les rudes oreilles de la cruelle
reine Ranavalo II.

— Dans mon piano, répondit-elle.

Le piano, quelque beau qu'il fût, ne servait pas
souvent ; aussi eut-on grand peine à en trouver la clef.
Après des recherches multiples cependant elle fut
apportée ; on l'ouvrit, la carte était là sur le clavier.

XX

On comprend l'émerveillement que ces exercices de prestidigitation durent causer à des personnes qui, comme celles qui composaient mon auditoire, n'avaient jamais rien vu qui en approchât. La reine me demanda comment on pouvait arriver à les exécuter avec tant de sûreté. Je répondis que, pour parvenir à quelque habileté dans notre art, qui comprenait des branches très diverses, il fallait posséder d'abord des aptitudes naturelles, beaucoup d'agilité de doigts, une grande vivacité de regard, et de plus, connaître à fond certaines sciences, parmi lesquelles je citai les mathématiques, la chimie, la mécanique, l'astronomie, la physique et la médecine.

Ce dernier mot parut la frapper beaucoup ; elle avait déjà été avertie des cures que j'avais entreprises dans les villages qui s'étaient trouvés sur mon chemin et

6.

dont bon nombre avaient réussi. Je remarquai
qu'elle échangeait un regard avec son mari, et j'entre-
vis qu'il y avait peut-être encore là un moyen d'action
dont on avait chance de tirer parti, toujours au profit
de la France. Rappelons pourtant en passant que
je ne suis pas docteur ; les très modestes études de
médecine que je fis en 1856, 57 et 58, ne m'ont conduit
qu'à être officier de santé ; mais cela a d'ailleurs toujours été suffisant dans mes nombreux voyages, pour
me permettre de donner des soins, toujours gratuits,
à tous ceux qui les réclamaient. Du reste, grâce aux
ouvrages sur la médecine moderne, au compendium
d'Antonin Bossut et au formulaire magistral qui ne me
quittent pas ; grâce bien plus encore à la pratique jour-
nalière, j'ai beaucoup étendu mes connaissances médica-
les, et peut-être beaucoup de docteurs largement
diplômés n'ont pas la valeur scientifique que m'a donnée
l'exercice répété de cet art dans les cinq parties du
monde et dans les cas les plus divers. Mettant également
à profit les nombreux travaux de Spurzheim, Lavater et
Gall sur la physionomie, la physiologie, la physio-
gnomonie et la phrénologie, j'ai toujours eu pour
principe, avant d'entreprendre une cure, d'étudier non
seulement le tempérament, la constitution de mes
malades, mais encore leur caractère, leurs habitudes,
leur manière de vivre et même leur éducation. Je
cherchais à agir sur le moral autant que sur le physique.
C'est ainsi qu'il m'est arrivé de guérir avec de l'eau
claire des maladies réputées très sérieuses.

Je dois ajouter que, pendant mon séjour à Tananarive, lorsque j'ai eu à traiter des affections vraiment graves, je me suis aidé des conseils du docteur Baissade, médecin de première classe de la marine française, attaché à la Résidence générale. Ses remarques et ses observations, jointes aux miennes, me permettaient de traiter avec plus de précision et de confiance les cas au sujet desquels j'aurais éprouvé quelques doutes.

Ce docteur Baissade a rendu des services signalés et inoubliables pendant son séjour à Tananarive. Par la multiplicité de ses cures, il a contribué, pour une large part, à démontrer la supériorité de la science française sur celle de nos rivaux. Tous les jours une centaine de malades, dont une certaine quantité était à opérer, venaient le trouver. Il en a guéri plusieurs milliers. Les consultations, le traitement, les médicaments, les opérations mêmes étaient toujours gratuits. J'allais parfois l'assister et profiter de sa science et de son expérience pour augmenter les miennes.

On me pardonnera cette longue digression, mais elle était nécessaire pour faire comprendre que si j'acceptai, quoique n'ayant pas le titre de docteur, de donner des soins à la reine, c'est que je m'en sentais capable et que je l'étais en effet. Pour elle j'étais un docteur hors ligne ; je me gardai bien de détruire cette opinion, qui devait aider à établir l'influence que je voulais prendre sur son esprit.

Après les quelques expériences dont j'ai rendu

compte, craignant qu'on ne m'en réclamât d'autres
pour lesquelles je n'étais pas préparé et ne voulant pas
me trouver en défaut, je demandai à la reine, sans
attendre que Sa Majesté donnât le signal de la retraite,
ainsi que l'étiquette l'eût exigé, la permission de me
retirer. Elle me l'accorda avec grâce, après m'avoir
fait savoir qu'elle désirait me consulter comme médecin et qu'elle me ferait appeler prochainement dans ce
but. Il fut convenu en outre que le lendemain soir,
dans cette même Salle du Trône, je donnerais, devant
toute la cour, les membres de la famille de la reine, les
notabilités de son entourage, les officiers militaires et
tous les grands personnages étrangers, une séance de
haute magie et de merveilleux. Je ferai remarquer que
c'était la première fois qu'une reine de Madagascar
offrait chez elle, à des invités, un spectacle qui promet
d'être intéressant; puisse cet exemple être suivi à
l'avenir.

Je pris donc congé de la reine et du Premier
Ministre avec le même cérémonial qui avait présidé à
mon arrivée, c'est-à-dire accompagné, jusqu'à la sortie
de la cour du palais, par une escorte d'honneur,
et reconduit à la maison que j'habitais par Marc
Rabibisoa et par les deux aides de camp qui étaient
venus me prendre. Je dois l'avouer, j'étais satisfait,
flatté peut-être, dans mon amour-propre, du succès
que j'avais obtenu; mais j'étais heureux surtout en
songeant que ma position nouvelle pouvait être mise à
profit pour mon pays.

XXI

Sitôt rentré chez moi, je fis parvenir à M. Le Myre de Vilers, comme nous en étions d'abord convenus, une note confidentielle, lui faisant part de mes impressions sur la réception royale, et lui donnant à entendre que je pourrais peut-être tirer un parti avantageux de la situation que je voyais se dessiner à l'horizon.

Je lui disais : « Je viens vous prier, Monsieur le Ministre, de vouloir bien me suggérer la ligne de conduite que je dois suivre pour qu'elle soit conforme à la sage et énergique politique de Votre Excellence. »

M. Le Myre de Vilers, en habile diplomate qu'il est, comprit qu'en effet y avait peut-être quelque chose à faire, et je reçus de lui une réponse immédiate, contenant une invitation à dîner pour le soir même à la Résidence. Je m'empressai de m'y rendre et nous élaborâmes ensemble notre programme politique.

Je passai une partie de la nuit et toute la journée du lendemain à faire mes préparatifs pour la grande séance du soir. Je voulais porter un grand coup. A cet effet je choisis, dans mon répertoire, les choses les plus capables de frapper l'imagination des spectateurs. J'avais envoyé dans l'après-midi mon secrétaire, Pappasogly, et mon petit domestique Louis, afin qu'ils prissent tous les arrangements nécessaires aux expériences que je comptais exécuter.

Le Premier Ministre avait eu la gracieuse attention de m'envoyer chercher, comme la veille, par une escorte d'honneur. A l'heure dite, je me présentai au palais, et je fus introduit dans la Salle du Trône, où devait être donnée la séance.

La pièce qui est fort grande et richement décorée, étincelait de lumières. Tout était prêt et chacun occupait la place qui lui était dévolue par l'étiquette, et ma foi ! le maître des cérémonies et les officiers du palais, qui n'avaient pourtant pas souvent l'occasion d'exercer leurs fonctions, s'étaient parfaitement tirés des difficultés que devait présenter pour eux une entreprise de ce genre. La place de chacun des spectateurs — ils étaient environ une centaine — était désignée d'avance aussi sûrement que si des fêtes semblables se fussent présentées souvent et que chacun connût absolument le rang qu'il devait occuper.

J'entrai dans le salon en même temps que M. Le

Myre de Vilers et M. Ranchot, alors chancelier, secrétaire, et aujourd'hui représentant du gouvernement
français, pour traiter les questions diplomatiques avec
le gouvernement hova, pendant l'expédition actuelle.
Immédiatement après notre introduction, la reine fit
son entrée solennelle, toujours donnant la main à son
auguste époux de la manière que j'ai déjà décrite. Elle
portait une toilette d'un goût parfait qui sans doute,
comme celle de la veille, avait été envoyée de Paris.
Le spectacle est tellement présent à ma mémoire
que je vois encore la jeune souveraine monter
les degrés de son trône et y prendre place, avec grâce
et dignité. A sa gauche, sur une marche inférieure,
était disposé un fauteuil où s'assit le Premier Ministre ;
à sa droite, sur le même rang que Rainilaïarivony,
un autre fauteuil pour la sœur de la reine, un
monstre de laideur et de perversité dont j'ai déjà
parlé ; sur une marche plus basse encore, un enfant
d'une dizaine d'années, fils de cette femme, que la reine
aimait beaucoup et dont, paraît-il, depuis ce temps,
elle a fait l'héritier du trône en l'adoptant.

Immédiatement à la droite de la reine se groupaient
les représentants diplomatiques.

Ordinairement c'est le rang d'ancienneté qui déter-
mine la place que chacun de ces personnages doit
prendre dans les réceptions officielles ; mais j'avais fait
comprendre à la reine que, comme Français, c'était
M. Le Myre de Vilers qui devait occuper la première
place dans une séance où un Français jouait le prin-

cipal rôle. La reine se rendit à mes observations, à ma
grande joie : car, dans cette circonstance solennelle,
j'étais bien aise d'obtenir, pour le représentant de mon
pays, un succès qui ne manquerait pas d'être remarqué
et d'avoir un grand retentissement parmi les nobles
hovas.

A côté de M. Le Myre de Vilers se voyait M. Pickersgill, missionnaire et Consul d'Angleterre, qui
cachait de son mieux son dépit d'être relégué au
second plan quand, d'après l'étiquette admise jusque-
là, il avait toujours occupé le premier ; puis quelques
invités, parmi lesquels les consuls des autres puissances. Après ces personnages venaient les ministres
hovas, les membres de la famille royale et ceux de la
noblesse.

Du côté du Premier Ministre, et immédiatement à sa
gauche, étaient réunis les officiers supérieurs ; puis,
après eux, les gens de la maison et du palais.

Le tout formait un demi-cercle, laissant toute une
partie du salon à ma disposition.

Il est un usage qui paraîtra étrange ; c'est que,
chaque fois qu'on se présente devant la reine, on doit
lui faire un cadeau en pièces d'argent, qu'on fait
même sonner dans sa main en lui offrant : une, deux,
trois, quatre piastres ou pièces de cinq francs, plus
ou moins, selon la richesse ou la qualité de celui qui
fait le cadeau. C'est ce qu'on appelle le *hasina*. Ayant
pour principe de me conformer aux usages des pays
où je passe, je tenais à obéir à celui-là. J'avais fait

fabriquer à la hâte une petite bourse de soie aux couleurs de la reine, rouge, blanc et jaune, attachée d'une élégante cordelière, et dans laquelle j'avais enfermé une pièce de cent francs en or... et toute neuve encore. M'approchant respectueusement de la souveraine, au lieu de faire sauter bruyamment des pièces de cent sous dans ma main, je m'inclinai et lui tendis mon présent. La sœur de Sa Majesté, qui a pour mission de recueillir l'argent offert dans ces occasions, avança la main pour le prendre ; mais la reine, d'un mouvement rapide, intercepta la cordelière au passage, et, ce qui ne s'était jamais vu, prit elle-même la bourse. Je saisis en ce moment un fin sourire qui passait rapidement sur les lèvres de M. Le Myre de Vilers, pendant que le révérend M. Pickersgill serrait les siennes, et que les nobles hovas, saisis de surprise à l'aspect d'une chose aussi insolite, se demandaient ce qui allait se passer.

Un silence profond succéda à cette petite scène, et, m'étant éloigné de deux pas du trône, je fis un discours tel que l'exigeait la circonstance. Le fond tendait à faire comprendre à Sa Majesté combien j'étais heureux d'avoir obtenu la faveur d'être présenté à une souveraine dont la réputation de grâce et de beauté s'était déjà répandue par toute la terre, ainsi qu'à son illustre époux le Premier Ministre, et à toute la noblesse hova, qui, par ses qualités physiques aussi bien que par ses qualités intellectuelles, marchait de pair avec les races les mieux douées du globe !...

7

XXII

En face du trône se voyait une porte, hors d'usage
depuis longtemps, mais qu'on voulut ouvrir ce jour-là
pour donner un peu d'air, car la chaleur était extrême.
Elle était fermée par un gros cadenas dans lequel la
clef ne jouait plus. Après des efforts répétés, on allait
renoncer à la faire tourner, quand la reine me dit :

— Ta science te permettrait-elle de faire ce que mes
serviteurs essaient en vain ?

— C'est difficile, lui dis-je avec une hésitation voulue ;
je vais peut-être compromettre mon prestige. Si je ne
réussis pas, que penseras-tu de mon savoir ? Cependant
je vais t'obéir.

J'ordonnai donc à la porte de céder. On entendit
alors la clef grincer dans la serrure. Cric ! crac ! le

cadenas tomba, sans que personne eût fait un mouvement, et les deux battants de la porte se séparèrent
comme par enchantement.

Aussitôt un pigeon blanc, tenant dans son bec une
rose, et au cou duquel était attaché un papier, s'élan-
çant par l'ouverture, vint s'abattre sur les genoux de
la reine. Le papier fut déplié ; il contenait ces mots en
malgache :

Aiza moa no misy ny fahasambarana marina ? qui
signifient : — Où peut-on trouver le bonheur ?

La réponse suivait, en malgache aussi :

*Ny fahasambarana marina dia hita eo aminao
Mpanjaka.* — Le bonheur se trouve près de Votre
Majesté.

On comprend que l'ouverture de cette porte n'avait
rien en soi de bien merveilleux, et qu'elle avait été
combinée entre moi et mon secrétaire, qui avait passé
la journée au palais et qui n'avait pas perdu son
temps.

On comprend aussi l'effet qu'elle dut produire sur
les spectateurs, qui n'étaient pas dans mon secret et
que je n'avais garde d'y mettre.

Il serait trop long d'énumérer les nombreuses expériences que je fis dans cette soirée ; mes lecteurs, pour
la plupart, en ont vu d'analogues, quoique peu d'entre
eux, après tout, se rendent un compte bien exact de la
manière dont on les exécute, et si j'en décris quelques-
unes tout au long, c'est pour qu'on se figure assister
à la séance, et qu'on se rende mieux compte de l'effet

que ces exercices durent produire sur des spectateurs qui, eux, n'avaient jamais été témoins d'un spectacle du même genre.

J'annonçai d'abord que j'avais un moyen certain pour m'assurer si le vin contenait de l'eau et pour séparer l'un de l'autre. Je priai la reine de vouloir bien ordonner que trois personnes fussent mises à ma disposition. Elle désigna trois officiers. Je plaçai l'un à droite de la reine, l'autre à gauche, le troisième en face d'elle. Je donnai aux deux premiers deux verres vides en cristal; au troisième une carafe dans laquelle je fis verser moitié eau et moitié vin et qui fut bouchée hermétiquement. Puis je demandai à la reine dans quel verre elle désirait que passât l'eau et dans quel verre elle désirait que passât le vin. Sur sa réponse, je pris deux rubans, un rouge et un blanc; je mis l'extrémité de chacun d'eux dans la main de celui qui tenait la carafe, confiant le rouge à celui qui devait recevoir le vin et le blanc à celui qui devait recevoir l'eau. Je couvris ensuite chaque récipient d'un foulard, je frappai trois coups dans mes mains, puis j'ordonnai qu'on enlevât les foulards. O surprise! La carafe était vide et les deux verres pleins jusqu'au bord, l'un d'eau, l'autre de vin.

Cette expérience suscita de nouvelles marques d'étonnement et d'admiration, la reine donnant le signal des applaudissements.

Je priai ensuite Sa Majesté et son Excellence le Premier Ministre, la sœur de la reine et trois autres per-

sonnes de visiter soigneusement un jeu de cartes,
encore cacheté et revêtu du timbre de la régie, que je
leur présentai ; et, après vérification, de penser chacun
une carte. Sur ma demande et sans que je touchasse
au jeu, le Premier Ministre le remit à la reine qui l'enveloppa dans le mouchoir de dentelle qu'elle tenait à
la main ; je déclarai alors que les six cartes pensées,
lesquelles n'avaient été communiquées à personne,
allaient disparaître du jeu, de ce jeu neuf que la reine
tenait enfermé dans son mouchoir. Alors prenant un
pistolet, je fis feu ; aussitôt on vit apparaître tour-
noyant dans l'espace, les six cartes qui, comme
mues par une puissance magique, finirent par aller
former une couronne autour de la tête de la reine où
chacun put reconnaître, avec une profonde surprise,
la carte qu'il avait choisie en imagination. Immédiatement la reine, sans attendre mon invitation, déchira
l'enveloppe du paquet qui n'avait pas quitté ses mains ;
c'est en vain qu'elle y chercha la sienne, elle passa le
jeu au premier ministre qui n'y trouva pas davantage
celle qu'il avait dans l'esprit. Les quatre autres personnes firent la même constatation.

Il était bien évident que c'étaient bien les mêmes
cartes qui s'étalaient en diadème sur la tête de Sa
Majesté.

Ici les applaudissements redoublèrent et je m'amu-
sai beaucoup de la mimique du ministre anglais,
M. Pickersgill, dont j'apercevais les mains qui s'écar-
taient et se rapprochaient comme s'il avait applaudi,

mais qui n'avaient garde de se joindre pour produire
du bruit. — C'est ce qui pourrait s'appeler un mensonge négatif en action. — Quant à M. Le Myre de
Vilers, il paraissait fort satisfait; il me semblait l'entendre dire : Eh bien! mais, ça marche! ça marche!

Pendant que la reine applaudissait, le mouchoir qui
avait enveloppé le jeu de cartes était tombé à ses pieds;
je m'élançai pour le ramasser pendant que le Premier
Ministre en faisait autant de son côté. Le résultat fut
que le mouchoir se sépara en deux. Consternation du
ministre, de tout l'entourage de la reine et rayonne-
ment du visage de M. Pickersgill. Moi-même je prends
un air désolé, je me confonds en excuses et protestations de regret.

XXIII

— Je serais au désespoir, dis-je à la reine, qu'une maladresse de ma part me fît perdre son estime et sa considération ; et désignant le fragment de mouchoir que je tenais toujours tandis que le ministre regardait d'un air navré celui qu'il avait entre les mains :

— Faites comme moi, dis-je à Rainilaïarivony, nous allons le raccommoder. Je déchirai alors le morceau que j'avais dans la main en deux, puis en quatre, puis en huit, jusqu'à ce que le tout ne formât plus qu'une boule de charpie. Le ministre m'avait imité en hésitant d'abord ; puis d'un air résolu, comme s'il commençait à soupçonner quelque chose ; alors réunissant les deux boules ensemble, je le priai de vouloir bien enfermer le tout dans sa tabatière : une jolie tabatière vraiment, en or émaillé — car si le Hova ne prise pas, je vous

l'ai déjà dit, il chique !.. Il chique du tabac à priser,
réduit en poudre, dont il introduit une petite pincée
sous sa langue; et hélas ! trois fois hélas ! la reine
elle-même obéit à cette déplorable coutume. Derrière
elle se tient toujours un officier chargé de lui présenter un vase en cristal bleu cerclé d'argent, en
forme de chope à bière, dans lequel elle crache. Il
faut dire aussi que le tabac de Madagascar est bien
moins fort, bien moins âcre que le nôtre, et les Hovas
prétendent que l'usage qu'ils en font les préserve des
maladies auxquelles les prédispose l'insalubrité du
pays; c'est ce qui serait à examiner.

Je dois ajouter que, depuis que j'eus exprimé à la
reine combien, en ma qualité d'Européen et surtout de
Français, je trouvais cette habitude choquante, je ne
la vis plus chiquer — ce qui ne veut pas dire qu'elle
ne chiquât plus. — Depuis, sans doute, elle a repris
cette habitude. Mais revenons à la séance.

Je tire un second coup de pistolet. A ce signal, le
Premier Ministre ouvre sa tabatière ; le mouchoir a
disparu. Je m'étonne; c'est bien extraordinaire; il
faut pourtant qu'il soit quelque part et je demande à
Son Excellence où elle désirerait qu'il se trouvât.
Rainilaïarivony hésite quelques instants, comme s'il
cherchait ce qu'il pourrait bien imaginer pour
m'embarrasser.

— Dans le canon du fusil de la troisième des sentinelles qui sont à la porte du palais, me répond-il enfin,
toujours par la bouche de l'interprète.

On fait venir la sentinelle qui tremble comme une feuille ; on la questionne pour savoir si personne n'a touché à son fusil. Sur sa réponse négative, appuyée d'un serment, le fusil est visité ; on en tire le mouchoir.

Stupéfaction générale !

— Mais, dit Son Excellence, si j'avais demandé qu'il se trouvât ailleurs, s'y serait-il trouvé ?

— Sans doute, Excellence, et je vais vous le prouver.

Alors, prenant une feuille de papier à lettre, je le chargeai d'y envelopper soigneusement le mouchoir, et même de cacheter le papier, à l'aide du cachet de sa bague ; de prendre enfin toutes les précautions qu'il jugerait nécessaires pour être sûr qu'il ne serait pas ouvert ; puis de vouloir bien me confier le paquet ainsi scellé. J'allai alors le déposer, bien en vue, sur une assiette placée sur un guéridon, devant la reine. Cette fois, prenant une baguette magique que je fis tournoyer autour du paquet, je demandai au Premier Ministre de vouloir bien me dire où il voulait que le mouchoir passât.

Il fut long à se prononcer, plus long encore que la première fois ; évidemment plusieurs idées se présentaient ensemble à son esprit.

— Je désire, dit-il enfin... puis tout à coup, s'interrompant : Qu'on aille chercher des œufs, conclut-il.

Une minute ne s'était pas écoulée qu'un officier qui venait de s'élancer hors de la salle y rentrait, rapportant dans une corbeille cinq ou six œufs.

— Je désire que le mouchoir se trouve, reprit le Premier Ministre, dans l'un des œufs de cette corbeille.

— Dans lequel ? demandai-je.

Rainilaïarivony prit un œuf au hasard et me le tendit.

— Dans celui-ci, dit-il.

Puis, se ravisant tout à coup, il le reposa dans la corbeille que tenait toujours l'officier.

— Non. Dans celui-là !

Et il en prit un autre qu'il passa à la reine. Celle-ci le reçut toute tremblante, en se demandant comment j'allais me tirer de là. M. Le Myre de Vilers, dont j'avais surpris le regard, paraissait quelque peu inquiet ; cependant, il reconnut bientôt, à mon air tranquille, que les choses marchaient selon mon désir.

— Que votre volonté soit faite ! dis-je au Premier Ministre ; et, faisant encore tournoyer ma baguette autour du paquet où il avait été enfermé, j'ordonnai au mouchoir de passer dans l'œuf. Je pris alors sur la table le paquet que je remis à Son Excellence, en la priant de constater que le mouchoir n'y était plus ; et en effet, il était remplacé par une paire de gants de Suède lui appartenant, et que, au commencement de la séance, il avait retirés et mis dans sa poche. Il poussa une exclamation de surprise, accompagnée d'un éclat de rire. Je m'approchai alors de la reine, et, afin qu'elle ne fût pas exposée à tacher sa jolie robe en ouvrant l'œuf, je le lui pris des mains et j'allai le casser dans l'assiette placée sur le guéridon. Au milieu des débris de la coquille se trouvait le mouchoir. J'allai le porter à la

reine qui le reconnut immédiatement pour celui
qu'elle avait laissé tomber quelques instants auparavant.

Si cette conclusion n'étonne pas beaucoup mes
lecteurs, et s'ils devinent que toute mon habileté, dans
ce dernier cas, consistait à remplacer l'œuf désigné par
un œuf semblable... ou à peu près, renfermant réellement le mouchoir, ils conviendront du moins que
l'expérience était de nature à émerveiller les spectateurs auxquels je m'adressais. Ils chuchotaient entre
eux, et plus d'un, j'en suis sûr, rêvait de me faire subir
le supplice des sorciers, en m'invitant gracieusement
à boire le tanghin ou en me précipitant du haut du
rocher de Tananarive ; mais beaucoup aussi étaient
trop intéressés par ce qu'ils voyaient pour songer,
en me condamnant à mort, à se priver des spectacles
que j'étais encore disposé à leur offrir. Le Premier
Ministre en particulier ne semblait animé d'aucune
mauvaise intention à mon égard — au contraire. — Je
pouvais donc être sans inquiétude et continuer à
exercer mon art en toute sécurité.

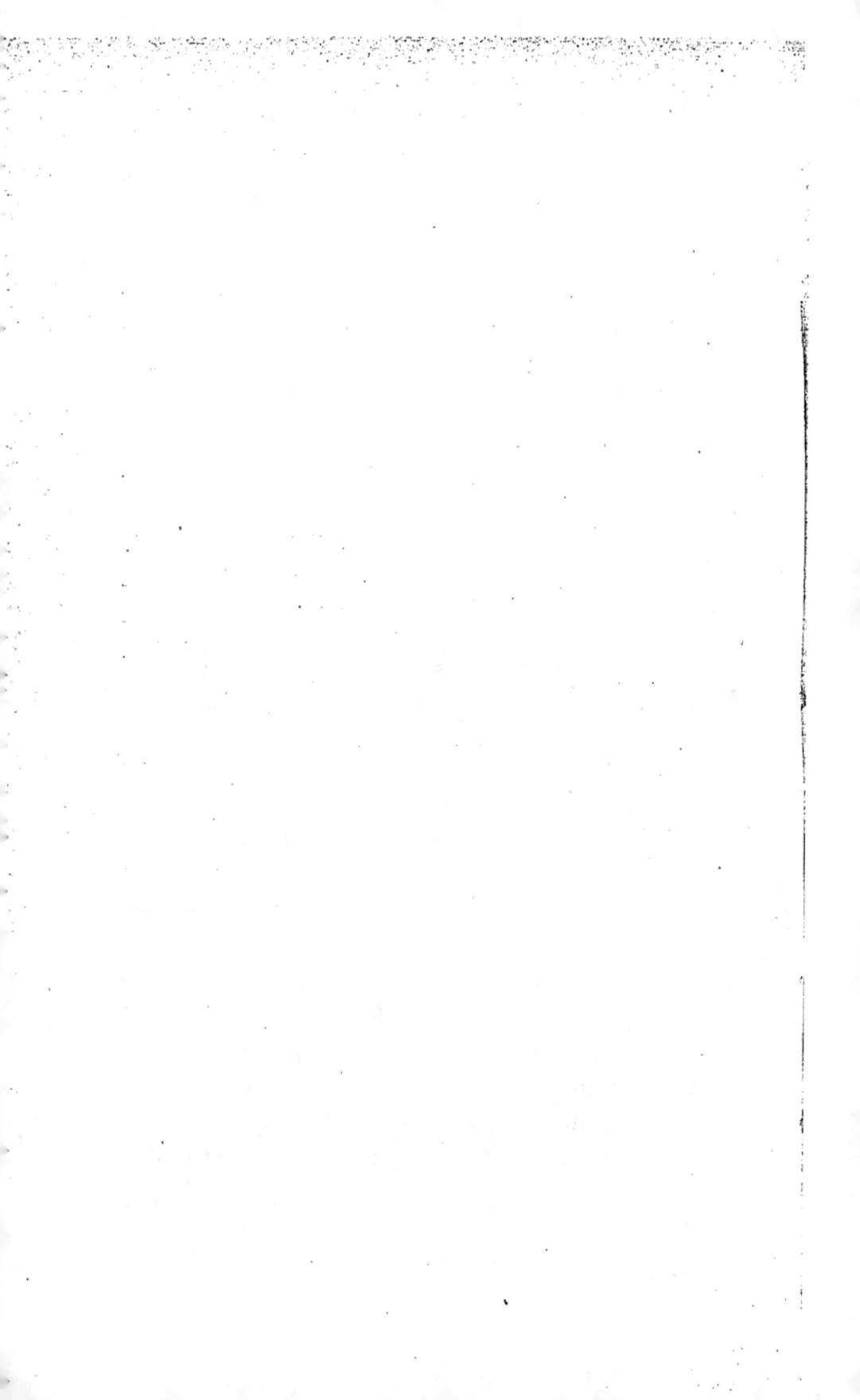

XXIV

Le plus surpris de tous les spectateurs, fût le faction-
naire, qui était resté près de la porte et qui, de stupéfaction, lâcha presque son fusil. Le bruit de la crosse
frappant le plancher ramena l'attention vers lui ; tous
les regards se portèrent de son côté. Le pauvre garçon,
tremblant de peur, ne sachant s'il devait partir ou
rester, attendait un ordre. Sa présence pouvait m'aider
à clôturer cette partie de la séance d'une manière
saisissante ; et m'adressant à la reine :

— Ce soldat tout seul fait ici triste figure, dis-je, Votre
Majesté ne pourrait-elle donner des ordres pour que
trois de ses camarades vinssent le rejoindre avec leurs
fusils ? Veuillez en même temps demander qu'on vous
apporte quatre cartouches Remington, car je vois que
ce sont des fusils Remington que portent ces soldats.

Un instant après les trois sentinelles faisaient leur entrée dans la salle du trône, et le maître des cérémonies apportait sur un plateau les quatre cartouches demandées.

— Bien, dis-je à ce personnage ; veuillez maintenant faire marquer ces balles. — Et pendant qu'un officier procédait à cette opération, je demandai à la reine de quelle provenance étaient les fusils de ses soldats.

— De provenance anglaise, répondit Sa Majesté.

— Ah ! tant mieux, répliquai-je, car s'ils étaient de provenance française, je n'oserais tenter l'expérience ; mais avec des munitions anglaises !..

Et je fis un geste qui signifiait : Il n'y a pas grand'chose à craindre !..

Les balles étant marquées, je m'adressai au Premier Ministre et le priai, comme commandant en chef de l'armée hova, d'ordonner à ces quatre militaires de m'obéir aveuglément. Son Excellence paraissant hésiter, je me hâtai d'ajouter que j'allais simplement leur ordonner, quand leurs fusils seraient chargés, de faire feu sur moi.

— Bien, dit le ministre.

Et il donna l'ordre que j'attendais.

La reine, par un mouvement instinctif de commisération, voulut s'interposer, en déclarant que cette expérience était trop dangereuse.

— Je remercie Votre gracieuse Majesté, dis-je, de l'intérêt qu'elle veut bien me porter ; mais, je le répète,

puisque j'ai affaire à des fusils et des cartouches de
provenance anglaise, je n'ai rien à redouter.

— Pourtant, dit la reine.....

— Il n'y a pas de danger, répétai-je. Je me rappelle
le peu de résultat qu'ont eu des balles semblables ici
même, pendant la dernière guerre.

Et en effet, chacun sait de quelle qualité sont les
munitions que nos bons amis les Anglais, dans un but
d'humanité sans doute, — car c'est toujours ce qui les
guide, — fournissent aux gouvernements qui s'adres-
sent à eux.

Je finis par arracher le consentement de la reine;
elle le manifesta par un geste indécis.

Ayant disposé les soldats dans les angles du salon,
deux à droite, deux à gauche, je me plaçai tout debout
devant la reine, à six mètres environ des tireurs.

— Mettez les balles marquées dans les fusils, ordon-
nai-je, et remarquez que je n'y touche pas. — Quand
je dirai : Une ! deux ! trois !... faites feu !

La reine éprouvait une émotion telle que je voyais
la légère étoffe de son corsage se soulever et suivre
les battements de son cœur ; le Premier Ministre lui-
même semblait perplexe ; tous les nobles formant
l'assemblée se bouchaient les oreilles avec les mains
pour ne pas entendre le bruit des détonations, car le
Hova n'aime pas « à faire parler la poudre », tandis
que, avec un sourire sardonique et les yeux à demi
clos, Pickersgill et les autres envoyés anglais suivaient du regard tous mes mouvements, dans l'espoir

charitable que peut-être une catastrophe allait se produire. Un silence de mort régnait sur l'assemblée et
plus d'un paraissait se demander si c'était bien d'un
jeu qu'il s'agissait.

Alors, me campant fièrement devant la reine, je
croisai mes bras sur la poitrine et j'ordonnai à l'interprète de dire aux soldats de me viser au cœur.

Immédiatement les quatre canons furent braqués sur
moi ; la tête haute, le regard assuré, le sourire aux
lèvres :

— Une, deux, trois !.. Feu ! dis-je.

Quatre détonations retentirent ; une épaisse fumée
obscurcit un instant le salon. Quand elle commença à
se dissiper, on put voir entre mes doigts trois des
balles que j'avais saisies au passage ; la quatrième était
entre mes dents.

Un cri d'effroi était parti de toutes les bouches,
immédiatement suivi d'un cri d'admiration. La reine
était encore tout émue et paraissait respirer à peine,
quand je lui présentai les quatre balles, qui furent
tout de suite reconnues pour celles qui avaient été
marquées.

Il y eut dans la salle un enthousiasme indescriptible ;
chacun, dans son exaltation, oubliant le lieu où il se
trouvait, manifestait bruyamment ses sentiments. Le
Premier Ministre vint à moi les bras tendus ; la reine
me serra les deux mains. Dans le tonnerre d'acclamations qui éclata, je distinguai parfaitement le très bien !
de M. Le Myre de Vilers qui me fit plus de plaisir

que tous les autres applaudissements ; mais il ne vint pas à moi le moindre signe d'approbation de M. Pickersgill et de son entourage.

L'effet n'avait pas été moindre au dehors qu'à l'intérieur. Tout le palais était sens dessus dessous, et on se demandait avec anxiété ce qui se passait dans la salle du trône ; les fonctionnaires restés dans la cour .s'apprêtaient à accourir au secours de leur reine et du Premier Ministre, le bruit s'était même propagé dans la ville et y avait porté l'inquiétude.

Bon nombre des assistants s'essuyaient le front comme s'ils eussent été pour quelque chose dans l'expérience dont ils venaient d'être témoins, et comme si c'était eux qui eussent escamoté les balles. J'étais plus fatigué qu'eux néanmoins ; c'est ce que je fis comprendre à la reine, en lui demandant la permission de prendre quelques instants de repos : car ceci n'était que la première partie de mon programme ; j'en avais encore deux autres à produire ; la première d'expériences *anti-spirites ;* la seconde de *dématérialisation.*

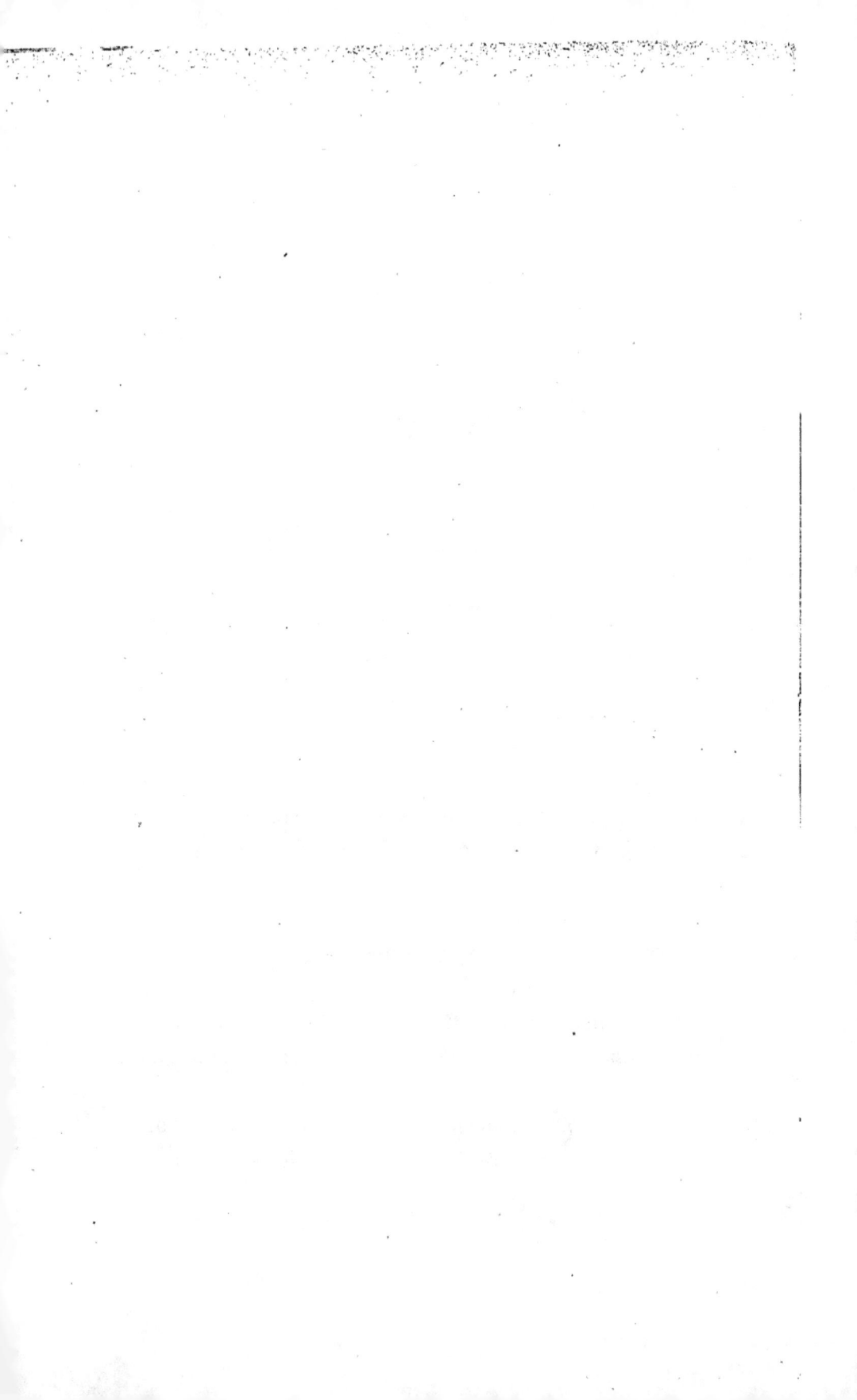

XXV

La reine m'accorda ma demande avec grâce, et, descendant de son trône, elle m'invita à la suivre, ainsi que le Premier Ministre, dans une petite pièce contiguë à la salle du trône où, préalablement, on avait fait disposer des rafraîchissements, entre autres du vin de Champagne, portant l'étiquette de Ranavalo. Le Premier Ministre ayant fait sauter un bouchon, la reine fit remplir deux verres, m'en tendit un et me dit en français, car elle le parle un peu :

— Je bois à ta santé !

Les mânes des ancêtres hovas de la reine ont dû en tressaillir d'étonnement, car pareille chose ne s'était jamais vue.

Pendant que je prenais le repos qui m'était indispensable et que je causais avec Sa Majesté et avec le

Premier Ministre, les invités se livraient aux suppositions les plus étranges au sujet des choses extraordinaires dont ils venaient d'être témoins, et on conviendra qu'il y avait là de quoi exciter leur surprise. C'était la première fois qu'un « magicien » européen produisait des expériences dans ce pays où tout l'art des soi-disant sorciers consiste à faire des prédictions basées sur la prétendue science astrologique, qui ne se réalisent jamais, et où le merveilleux n'existe que dans l'imagination des habitants, très ignorants et très superstitieux. Non qu'ils ne soient pas intelligents : ils ont au contraire l'esprit de conception très facile; leur imagination est vive, ardente; ils aiment et admirent volontiers tout ce qui a sur eux un caractère de supériorité. Cela explique facilement que, dans l'esprit de tous ceux qui venaient d'assister à mes expériences, je passais pour un être extraordinaire en savoir, en habileté et en pouvoir magique, et, si j'insiste sur ce sujet, qu'on veuille bien croire que ce n'est pas pour établir une réclame ; mais c'est afin de faire comprendre le jugement que les Hovas portaient sur ma personne et l'importance que la supériorité qu'ils m'attribuaient donnait à la France encore plus qu'à moi.

Pendant que je causais avec la reine et le Premier Ministre, des esclaves vêtus du « lamba » de toile blanche, précédés par les officiers du palais chargés de ce soin, faisaient circuler des plateaux couverts de rafraîchissements, de fruits, de pastèques, de bananes.

Avec un peu de bonne volonté, on se serait cru dans un salon parisien.

L'intervalle de repos entre la première et la seconde partie de la séance dura environ vingt minutes, pendant lesquelles mon secrétaire et mon petit domestique, Louis, préparaient tout ce qui était nécessaire aux expériences *anti-spirites*.

J'appelle ces expériences *anti-spirites* parce que ceux qui les font ou qui du moins en font qui en approchent, prétendent qu'on ne peut les réussir que dans l'obscurité et avec la connivence des esprits. Or, comme je ne crois pas que les esprits, s'il en existe, quittent les régions éthérées pour la plus grande joie des badauds, je tiens à prouver qu'on peut exécuter ces expériences et d'autres du même genre, beaucoup plus difficiles, au grand jour, et sans avoir recours à d'autres moyens que ceux fournis par la science et par l'étude.

M. Pappasogly étant venu me prévenir discrètement que tout était prêt, je priai la reine et le Premier Ministre de vouloir bien reprendre leurs places, ce qu'ils firent immédiatement ainsi que leurs invités.

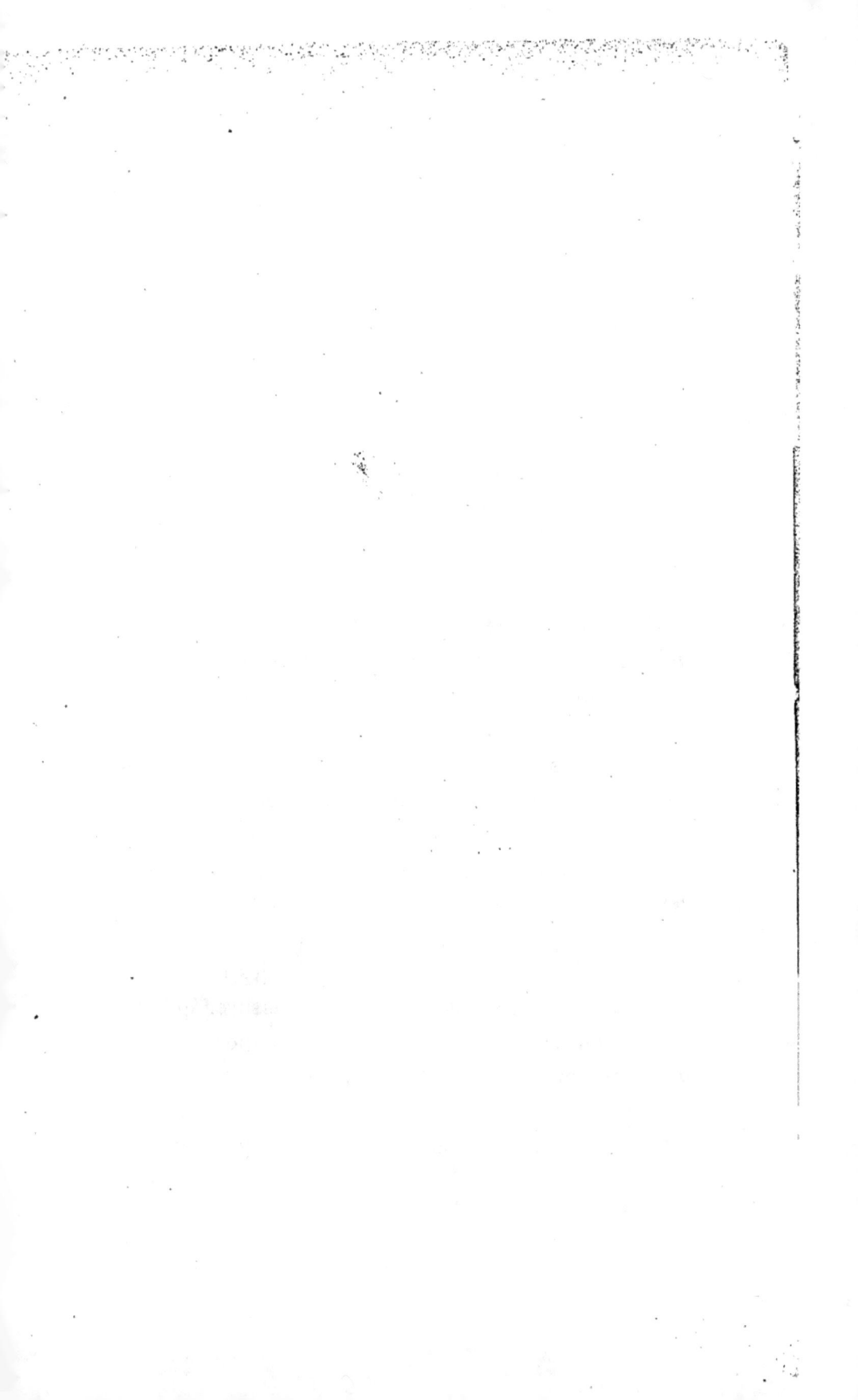

XXVI

Une sorte de petite tente, s'ouvrant et se fermant à
volonté, à l'aide d'un rideau formé d'un lamba glissant sur une corde tendue d'un mur à l'autre, avait été
disposée au milieu de la salle. A côté se voyait une
petite table sans tapis : une simple planchette montée
sur un pied. Dessus étaient posés des cloches, une
crécelle, et divers instruments de musique : un cor de
chasse, un violon, une flûte, un accordéon. Je priai la
reine et le Premier Ministre de vouloir bien désigner,
parmi les spectateurs, deux personnes qui auraient
pour mission, d'abord d'examiner tous les instruments
de musique posés sur la table afin de s'assurer qu'ils ne
contenaient rien de suspect; puis de couper, dans une
pièce de toile que je leur présentai, des bandes
avec lesquelles elles me lieraient les mains. Elles
devaient ensuite m'attacher à l'un des poteaux de la

salle, à l'aide d'une corde de vingt mètres de long que
je présentai également à leur examen. Dans cet état je
me faisais fort d'exécuter un concert, à l'aide des instruments de musique placés sur la table.

Parmi ceux qui furent désignés pour me ligoter se
trouvait Rainiharovony, fils du Premier Ministre.
C'était un homme adonné à tous les vices, qui se
grisait de la façon la plus abominable et qui était aussi
cruel que dissolu. Il s'acquitta de sa tâche de telle
manière que mes pauvres poignets s'en ressentirent
longtemps. Après s'être assuré que les instruments
posés sur la table n'avaient subi aucune préparation,
que la toile que je présentais était de bonne qualité,
que la corde de vingt mètres était solide, que la colonne
n'avait pas été creusée d'avance, il coupa dans la
pièce plusieurs longues bandes de toile et se mit réso-
lument à m'attacher chaque main l'une après l'autre
d'abord, et en serrant de toute sa force. Puis, prenant
un bâton de cire à cacheter que j'avais fait préparer,
il en versa quelques gouttes sur le point où les bandes
se rencontraient et y imprima son propre cachet.
Pour plus de sûreté, il cousit avec la bande les poignets
de ma chemise, et ceux de mon habit. Alors ayant réuni
mes deux mains derrière le dos et les ayant liées
ensemble, il ajouta, par-dessus le nœud, une bande de
papier sur lequel il écrivit quelques mots en langue
malgache. Non content de ces arrangements, il ajouta
sur le tout une troisième bande de toile, qu'il passa
dans un piton vissé dans la colonne. Là encore il fit

couler de la cire sur laquelle il imprima, cette fois, le cachet de M. Pickersgill.

Toutes ces précautions prises, il tourna, retourna, croisa et recroisa la corde de vingt mètres autour de mon corps, me fixant à la colonne de manière à ce que je ne pusse faire aucun mouvement, et serrant la corde avec tant de force qu'elle m'entrait presque dans les chairs. Les deux bouts furent en outre fixés au parquet à l'aide de clous ; enfin une chaîne de fer vint encore renforcer le ligotage ; un cadenas en rejoignait les extrémités. Dans la crainte que je n'eusse une double clef de ce cadenas, Rainiharovony l'enveloppa dans une feuille de papier, qu'il ferma à l'aide de la cire, en y imprimant ce même cachet. Quelque convaincu qu'il dût être que, dans cet état, tout mouvement m'était impossible, il suivit toutefois le conseil de son père et plaça une pièce de monnaie sur chacun de mes pieds, et un verre d'eau sur ma tête ; puis ayant fait apporter du charbon et de la farine, à l'aide d'une cuiller il fit tomber de la farine dans ma main droite et du charbon dans ma main gauche.

Je doute fort, que Jeanne d'Arc, Jean Huss et toutes les victimes qui montèrent sur le bûcher, eussent jamais été attachées si solidement au poteau de mort.

La table sur laquelle étaient placés les instruments de musique fut approchée du pilier auquel j'étais lié ; puis, le rideau glissant sur la corde tendue, je me trouvai isolé des spectateurs, mon secrétaire et mon domestique restant, bien entendu, en dehors de cette tente improvisée, tous deux au port d'armes, l'un à droite, l'autre à gauche, et bien en vue du public, prêts à exécuter mes ordres si j'en avais à donner, mais sans avoir la moindre communication avec moi.

Le rideau n'était pas tout à fait tiré que les deux cloches qui étaient sur la table se mirent à faire entendre un bruyant carillon, avec accompagnement de crécelle ; puis, sautant par-dessus le rideau, l'une d'elles alla rouler aux pieds de M. Le Myre de Vilers, une seconde tomba sur les genoux du ministre des Affaires étrangères, pendant que la crécelle allait s'accrocher à un candélabre placé sur une console, à gauche du premier aide de camp.

A mon commandement, mon rideau fut ouvert violemment par mon petit domestique Louis ; et, à l'étonnement général, on put voir que je n'avais pas changé de position. Rainiharovony, qui m'avait attaché avec tant de soin, se précipita sur moi pour s'assurer que les bandes de toile, les cachets, les cordes et les chaînes n'avaient pas été touchés, et voyant que tout était intact, il s'écria en langue malgache :

— C'est le diable !

Plusieurs personnes avaient fait comme lui ; le Premier Ministre lui-même avait quitté sa place pour venir constater le bon état de mes liens ; il ne put que répéter comme son fils :

— C'est le diable !

Quant à la reine, elle manifesta sa satisfaction par

des applaudissements si chaleureux qu'elle en brisa son éventail : un charmant éventail pompadour, venant de chez Duvelleroy, qu'elle maniait avec beaucoup de grâce.

Mais ce n'était là que le premier acte de la pièce que j'avais à jouer.

— Maintenant, dis-je à ceux qui m'entouraient — et je me souviens que j'avais grand'peine à parler tant la corde qui passait autour de mon cou était serrée — maintenant, veuillez enfiler ce cor de chasse autour de mon cou ; placez cet accordéon derrière moi et ce tambour à mes pieds ; puis attachez à cette flûte une ficelle dont l'un de vous tiendra l'extrémité en main jusqu'à ce que, le rideau ayant été tiré, je vous dise ce que vous aurez à en faire.

Il va sans dire que le fils du Premier Ministre s'empressa d'exécuter mes ordres. Après avoir lui-même fixé une longue ficelle à la flûte, il la garda en main, ainsi que je l'avais recommandé.

Comme la première fois, le rideau fut tiré devant moi. Aussitôt retentit un charivari infernal : le cor se mit à sonner, le tambour à résonner, l'accordéon à gémir, le violon à grincer, les cloches qui avaient été remises en place à s'agiter bruyamment, produisant un concert vraiment diabolique, qui sembla ravir ceux qui l'entendaient.

On applaudissait et on poussait de tels éclats de rire, que je ne pus d'abord me faire entendre lorsque j'ordonnai qu'on me jetât la flûte par-dessus le rideau, et je fus obligé de le répéter.

8.

— Que la personne qui tient la ficelle à laquelle est attachée la flûte ait soin de ne pas la lâcher, ajoutai-je.

On m'obéit.

Aussitôt, comme contraste au tapage assourdissant qui venait de se produire, et dans le silence qui s'était fait, on entendit la flûte, accompagnée par l'accordéon, soupirer le *Sidikina*.

Aux premières notes qui s'échappèrent de l'instrument tous les assistants se levèrent en signe de respect : car, ainsi que je l'ai dit, le Sidikina s'écoute toujours debout. Rainiharovony — c'est mon secrétaire qui me l'a conté — avait porté à son oreille la ficelle qu'il tenait toujours, comme si les vibrations de l'instrument qui se communiquaient à lui par cette ficelle dussent lui donner le secret de ces choses extraordinaires.

Les instruments ayant cessé de se faire entendre et mon secrétaire ayant encore ouvert le rideau, on put me voir, comme la première fois, dans le même état d'immobilité forcée, la flûte entre mes lèvres, l'accordéon sur ma tête, pendant que les autres instruments avaient pris la place de l'accordéon.

Nouveaux applaudissements, nouvelles constatations de l'état de mes liens. La reine elle-même descendit de son trône et vint les examiner. Lorsqu'elle fut tout près de moi, voyant la sueur ruisseler sur mon front, elle me dit tout bas, en français qu'elle parlait incorrectement mais avec une certaine facilité néanmoins :

— Oh ! comme tu as chaud ! Tu dois bien souffrir !

— Merci, répondis-je, de l'intérêt que me porte

Votre Majesté, mais je ne souffre pas le moins du monde.

J'avoue que je lui mentais un peu, car mes poignets avaient été si fortement serrés que j'y sentais des fourmillements et des crampes et que j'avais les doigts comme congestionnés. Je vis qu'elle fit un mouvement pour chercher son mouchoir afin de m'essuyer le front et l'ayant deviné :

— Merci, Majesté, lui dis-je ; veuillez reprendre votre place, afin que cette expérience puisse continuer.

Elle m'obéit et s'éloigna avec une sorte d'expression de pitié sur son visage ; elle paraissait souffrir pour moi.

XXVII

Je continuai la série de ces expériences au milieu des marques d'admiration des spectateurs, étonnés surtout de la rapidité avec laquelle je les exécutais. En effet, à peine le rideau était-il tiré devant moi que j'ordonnais qu'on l'ouvrît, et pendant les quelques secondes qui s'étaient écoulées entre ces deux moments, sans qu'aucun des liens qui m'entouraient eût été relâché, il s'était passé les choses les plus extraordinaires.

C'est ainsi qu'une bague, celle de la reine, m'ayant été jetée, elle se trouva d'abord entre mes lèvres, puis à mon petit doigt où elle avait eu quelque peine à entrer, la main de la reine étant des plus mignonnes, puis passée dans la corde qui m'entourait le cou et qui était nouée, renouée et cachetée.

Je dirai tout de suite, au sujet de cette bague, que lorsque, quelques instants plus tard, je voulus la rendre à la reine, elle me pria gracieusement de la garder en souvenir de cette soirée.

On peut croire que je l'ai toujours conservée précieusement.

La position que j'occupais à mon poteau n'était pas des plus confortables, et mon cou pris dans un étau, mes poignets serrés outre mesure, demandaient à être débarrassés de leurs entraves.

Pour en finir donc, je priai le Premier Ministre de vouloir bien désigner, parmi les assistants, une personne à qui on banderait les yeux, qui s'enfermerait avec moi derrière le rideau et qui s'assurerait ainsi que je ne faisais aucun mouvement. Ce fut Marc Rabibisoa qui fut désigné. On lui attacha un mouchoir sur les yeux; il se plaça à côté de moi, posa une de ses mains sur ma tête et l'autre sur ma poitrine.

A peine le rideau avait-il glissé sur la corde servant de tringle que Marc Rabibisoa se mit à pousser des cris épouvantables, pendant que des chants d'oiseaux, des aboiements de chiens, des miaulements de chats, des sifflements de serpents, des hurlements de loups se faisaient entendre, mêlés à des coups de revolver, à des glapissements d'enfant en colère contre sa nourrice, qui ne se rend pas assez vite à ses exigences. Quand, au bout de quelques secondes, le rideau fut ouvert, on put voir Marc Rabibisoa par terre où il avait été jeté violemment, ses vêtements lui avaient été arrachés, et sa montre enlevée ; un bonnet de coton lui couvrait le chef et un gros poupon — mécanique, cela va sans dire — qui criait encore à tue-tête, reposait entre ses bras. Toute la salle éclata en applaudissements frénétiques et en rires inextinguibles, tant l'aspect de Marc Rabibisoa, transformé en nourrice, était comique. Celui-ci auquel, à sa grande joie, on avait enlevé son bandeau, faisait comme tout le monde, répétant, tantôt en malgache, tantôt en français comme avait fait le Premier Ministre :

— Mais c'est le diable !

Quand on lui demanda ses impressions, il répondit qu'elles avaient été des moins agréables, qu'il avait senti des mains froides et cadavériques se promener sur son visage, et qu'il lui avait semblé être soulevé de terre à plusieurs reprises avant d'y être jeté brutalement ; qu'enfin il n'était pas fâché d'avoir subi l'expérience, mais encore moins fâché qu'elle fût terminée.

Les nœuds et les cachets ayant été comme précédemment encore vérifiés, le rideau fut fermé une dernière fois ; quand il se rouvrit, au bout de soixante secondes, comptées tout haut, nouvelle stupéfaction des spectateurs en voyant celui qui, quelques instants auparavant, portait un correct habit noir, leur apparaître en riche costume François Ier, aux couleurs de Sa Majesté, c'est-à-dire en velours rouge brodé d'or. On pense s'il y avait encore là de quoi étonner les spectateurs. Du reste il n'est pas besoin d'être Hova pour que cette expérience émerveille, et j'ai vu bien des Européens, des habitants de Paris, de Vienne, de Londres, être dans la stupéfaction, quand je l'exécutai devant eux, et ne pas plus se rendre compte des moyens employés pour le réaliser que les sujets de la reine Ranavalo Manjaka.

C'en était fini pour cette partie de la séance ; je fus enfin débarrassé de mes liens, et l'on conserve encore à Tananarive, paraît-il, une partie des bandes qui avaient servi à me ligoter.

XXVIII

On n'aura pas beaucoup de peine à comprendre
que, après les expériences que je viens de raconter, ma
fatigue fût extrême. J'en ressentais d'autant plus les
effets, qu'il régnait dans la salle, où plus de cent
spectateurs étaient réunis, une chaleur intense; toutefois quelques minutes me suffirent pour me remettre et
pour permettre à M. Pappasogly de préparer la troisième et dernière partie de la séance. Tout étant
disposé, je m'approchai de la reine qui était restée
assise sur son trône et grignotait des macarons, car
elle aime fort les friandises.

— Je suis prêt, Majesté, lui dis-je, à exécuter
devant vous une expérience que l'on appelle la « dématérialisation ».

9

On avait apporté devant la reine une grande malle tout ouverte.

— Je vais rendre mon corps tèllement fluide, continuai-je, tellement « immatériel », que je pourrai le faire passer d'un lieu dans un autre, de ce sac dans cette malle, avec la plus grande facilité. Comme Votre Majesté peut s'en assurer, continuai-je, en faisant basculer la malle pour que la reine pût en voir l'intérieur, ce coffre est vide, et, comme elle peut aussi s'en rendre compte, il est en bois, entouré de bandes de fer, recouvert par-dessus d'une plaque de tôle. Les encoignures sont également en fer.

Sur ma demande, la malle fut examinée à fond par deux officiers qui la tournèrent et retournèrent dans tous les sens; frappèrent dessus, dessous, à droite, à gauche, avec un marteau, afin de s'assurer de sa solidité et firent jouer les clefs dans les trois serrures.

Des bandes de papier furent alors collées sur toutes les rainures par divers spectateurs, entre autres par M. Pickersgill, qui y appliquèrent chacun une marque et les cachetèrent avec de la cire; les trois serrures furent fermées et les trois clefs déposées entre les mains de la reine. Puis la malle, soigneusement ficelée, fut enveloppée dans un grand filet qu'on avait étendu par terre, et dont les quatre coins, ramenés par-dessus, furent dûment ficelés, cachetés, etc.; enfin elle fut tirée au pied de la colonne où j'avais été attaché pendant l'expérience précédente.

Je me glissai alors dans un grand sac de toile, préalablément examiné, cela va sans dire, par tous ceux à qui cela fit plaisir de se livrer à cet exercice. J'avais recommandé qu'on fermât ce sac, une fois que j'y serais entré, à l'aide d'autant de cordes, de bandes, de cachets qu'on voudrait, et c'est ce qu'on s'empressa de faire.

A peine le rideau était-il fermé qu'un coup de feu donnait à mon secrétaire l'ordre de le rouvrir.

Quand il m'eut obéi, on put voir le sac gisant à terre, avec toutes ses fermetures intactes, mais il était vide.

Quant à la malle, elle était toujours dans son état primitif, enveloppée dans son filet, et ceux mêmes qui y avaient placé les cachets furent invités à les enlever ; puis comme cela eût été trop long de délier les cordes, on se hâta de les couper.

La reine, qui tenait les clefs, daigna descendre de son trône pour venir les faire jouer dans les trois serrures, et, le couvercle de la malle ayant été soulevé, on put me voir m'en élancer, non dans le costume que je portais quand j'y étais entré, mais en uniforme d'officier français, tenant d'une main un drapeau tricolore et de l'autre un drapeau hova que je faisais flotter en les enlaçant.

Je ne saurais décrire l'effet que produisit cette apparition avec l'union de ces deux drapeaux. Les assistants y voyaient l'annonce d'une paix que, à ce moment, on pouvait encore croire durable. La joie et l'enthousiasme se manifestèrent par des applaudissements, des cris de joie, des *trarantitra* (vivats) répétés, et si je tenais à produire de l'impression sur mes spectateurs, je crois que j'eus lieu d'être satisfait.

Cette expérience, pas plus que celles qui l'avaient précédée, n'avait rien de surnaturel, et plusieurs de mes lecteurs les ont vu exécuter, à Paris ou ailleurs, avec plus ou moins d'habileté; quelques-uns même se sont peut-être expliqué les moyens que j'employais pour les produire; mais on comprend qu'aucun de ceux qui venaient d'en être témoins n'était dans ce cas. Toutefois, après la séance, tous vinrent me féliciter et me serrer les mains, à l'exception de quelques vieux Malgaches, encore imbus des vieilles croyances aux sorciers, qui étaient disposés à ne voir en moi que le fils du diable ou peut-être le diable lui-même. M. Le Myre de Vilers eut beaucoup de peine à les rassurer et à leur faire entendre que j'étais simplement un savant, qui mettait à profit les connaissances qu'il avait acquises. Je doute qu'il ait réussi à les convaincre.

La séance terminée, la reine m'invita à prendre encore un verre de champagne avec elle et avec le Premier Ministre. Elle invita de même le Résident de France. Ayant fait remplir un verre, elle le lui offrit et m'en offrit un autre, et nous bûmes tous quatre à la santé de Sa Majesté la Reine et à celle du Président de la République française. On devine la satisfaction malicieuse que j'éprouvais à voir les missionnaires anglais, ayant à leur tête M. Pickersgill, lancer des regards de dépit de notre côté et manifester ainsi

leur mécontentement de voir que, le Résident de
France et moi, nous semblions être dans la plus grande
intimité avec la reine et le Premier Ministre, et en
nous entendant porter un toast où le nom de la reine
de Madagascar et celui du Président de la République
française étaient confondus, alors que, à peine quatre
jours auparavant, M. Le Myre de Vilers, las et froissé
dans sa dignité de plénipotentiaire, était sur le point
d'amener pavillon et de se retirer à Tamatave.

En quatre jours les choses avaient complètement
changé de face, l'influence anglaise était battue en
brèche, et par qui? par quoi? Par un prestidigitateur
français et par ses expériences. Les bons Anglais sen-
taient que le coup que je venais de porter avait produit
son effet, non seulement sur l'esprit de la reine et du
Premier Ministre, mais aussi sur toute la noblesse
hova, que leur prestige avait considérablement baissé,
et qu'il leur serait difficile de le relever.

Aussi ne fus-je point surpris, le lendemain, d'apprendre que, après cette première soirée, qui pourtant
s'était terminée à une heure assez avancée, un conci-
liabule avait eu lieu pendant la nuit à la *Missionary
Society*, dans lequel on discuta par quels moyens on
pourrait combattre le grand ascendant que je menaçais
de prendre dans l'esprit des Hovas.

On voyait bien que mon dessein était d'user de cet
ascendant, non pas à la satisfaction de mon amour-
propre personnel, mais à l'avantage de l'influence
française ; et c'est pourquoi il fut décidé que, désor-

mais, on négligerait un peu de prêcher l'Evangile,
pour se mettre à l'étude de la prestidigitation, puisque
c'était par ce moyen qu'on avait chance de réussir
auprès de la Reine.

XXIX

Le lendemain, vers neuf heures du matin, un envoyé
de la Reine frappait à ma porte ; il me remettait un
billet en français, de Marc Rabibisoa, m'annonçant qu'il
m'attendrait à onze heures à la porte du palais pour
m'introduire près de la reine, et lui donner la consultation qu'elle m'avait demandée. A l'heure dite, mes
porteurs de filanza me déposaient au lieu indiqué, où
je trouvai Marc Rabibisoa qui m'attendait. Il me fit
traverser la cour ; puis nous longeâmes un mur, haut
comme celui d'une prison, parallèle au côté gauche du
grand palais, et nous arrivâmes ainsi sur une terrasse
dominant une vue superbe qui s'étend dans l'immen-
sité vers le sud. Plusieurs officiers s'y tenaient postés,
le sabre au poing, et en tenue fort correcte. Une maison basse, mais assez vaste et construite en briques et

en pierres, s'ouvrait sur cette terrasse. C'est là
qu'habite la reine, le grand palais ne servant que pour
les réceptions. Nous entrâmes : un long couloir sur
lequel courait un tapis divisait cette habitation, et de
chaque côté, se faisant face, se voyaient des portes de
bois peintes en gris perle, ce qui lui donnait l'aspect
d'un de ces longs couloirs d'hôtel des villes d'eaux.

Tout au fond, un officier du palais, coiffé d'un képi
de marine à l'Américaine, et tenant sabre au clair, me
cria en français : On ne passe pas ! Marc Rabibisoa
lui dit un mot. Immédiatement, il nous salua de son
arme, à la française, ce qu'on appelle : le salut de
l'épée. Puis, frappant discrètement à une porte, il se
retira. Une dame d'honneur, jeune, assez jolie même,
nous ouvrit et nous fit signe d'entrer. Nous traversâ-
mes une sorte de vestibule. Une seconde porte fut ouverte par la dame d'honneur, et j'aperçus, juste en face,
nonchalamment étendue sur un canapé, la reine dans
une pose des plus gracieuses et des plus coquettes,
mais, je dois le dire, un peu étudiée. Derrière, les deux
bras appuyés sur le dos du canapé, se tenait le
Premier Ministre, portant un vêtement gris perle.
Quittant sa place, il vint vers moi en me tendant
les mains. La reine en fit autant, et d'un gracieux
sourire me souhaita, selon l'usage, la bienvenue dans
sa maison. Puis, je fus invité à m'asseoir et je pris
place à un mètre de la reine environ, sur un fauteuil à
la voltaire garni de velours rouge. Le Premier Ministre avait repris sa première position. Marc Rabibisoa

se tint debout à côté de la reine, pour servir d'interprète et traduire ce qui se dirait de part et d'autre.

— Vous avez, me dit Sa Majesté des connaissances en
médecine que l'on dit égales à celles dont vous avez
fait preuve hier, mon cher magicien ; pendant votre
séjour ici, qui, je l'espère, sera long, voudrez-vous
bien me donner vos soins ? Je ne suis pas positivement
malade, mais je ne suis pas non plus parfaitement bien.

— La confiance que me témoigne Votre Majesté
m'honore, répondis-je ; je m'efforcerai de la mériter
et je serai heureux si je puis lui procurer quelque
soulagement.

Je demandai alors à lui tâter le pouls, et lui fis différentes questions ; puis je déclarai que, avant de faire
une première ordonnance, je désirais étudier un peu
le tempérament de Sa Majesté. Son état du reste ne me
semblait pas réclamer des soins immédiats. C'était un
état de langueur causé par la privation de marche et
d'exercice, et je lui assurai qu'il serait facile de faire
disparaître les malaises dont elle se plaignait.

D'ailleurs, à Madagascar, une reine n'a le droit
d'être ni malade, ni vieille, ni de subir aucune des infirmités humaines ; fût-elle centenaire, elle est considérée comme étant toujours jeune et jolie, et un Hova
se regarderait comme offensé si vous mettiez en
doute cette prétention.

La consultation terminée, nous causâmes de choses
et d'autres ; pendant ce temps j'examinais l'ameublement de la pièce où nous nous trouvions.

9.

Pour rendre justice à la vérité, je dois déclarer tout d'abord qu'elle était meublée avec goût, sans un luxe extraordinaire, mais qu'il n'y avait rien de choquant, si ce n'est peut-être le fauteuil en velours sur lequel j'étais assis, qui faisait un effet disparate avec les autres meubles Louis XV, légers et coquets, recouverts d'une étoffe de soie blanche brochée, à bouquets de myosotis, et d'une fraîcheur qui ne laissait rien à désirer. La pièce, assez vaste, était éclairée par une grande baie, donnant sur une vérandah qui paraissait s'étendre jusqu'à la pièce voisine. Derrière le canapé où s'appuyait le Premier Ministre, se trouvait également une grande fenêtre, garnie de rideaux et de draperies, en harmonie avec l'ameublement, aussi bien que la tenture de la muraille. A droite de la reine se voyait une grande table en boule, dont les dorures et les filets de cuivre doré étaient si brillants qu'on était tenté de croire qu'elle venait d'être déballée. Sur cette table, une grande pendule sous globe, décorée d'un automate du mécanisme duquel je ne pourrais attester l'exactitude, les aiguilles ne marchant pas à ce moment. Une seconde pendule se voyait sur une console dorée, appuyée au mur : on sait que certains peuples de l'Orient ont une grande prédilection pour les pendules et qu'ils en mettent généralement plusieurs dans la même pièce. Un lustre en verre de Venise pendait du plafond, tandis qu'un tapis d'Arras couvrait le parquet.

La reine, qui, pendant notre conversation, s'était peu à peu relevée, puis assise, avait repris sa pose

nonchalante, laissant apercevoir des pieds coquettement chaussés de souliers en satin blanc, pieds si
petits qu'on aurait dit ceux d'une fillette de quinze ans.
Elle portait un peignoir de gaze, garni, par-ci par-là,
de quelques rubans bleus. Ses bras étaient ornés de
bracelets simples et de bon goût; une partie de sa che-
velure longue et soyeuse était artistement relevée sur
le front, tandis que l'autre flottait sur ses épaules, au
gré de ses mouvements. Sa grâce était parfaite, sans
qu'elle eût besoin, pour y ajouter, d'emprisonner son
corps dans un corset..... ou peut-être même parce
qu'elle ne l'y emprisonnait pas.

Peu à peu, j'avais amené la conversation sur la politique. Je fis observer à Sa Majesté et au Premier
Ministre, en m'y prenant toutefois avec ménagement,
que les conseils donnés jusqu'ici par les méthodistes
anglais n'avaient abouti qu'à des déceptions; que la
façon dont ils interprétaient l'Évangile, afin de justifier
leurs actes, était en contradiction directe avec l'esprit
du saint livre; que, sous l'apparence de l'amitié et
d'un grand dévouement à leurs personnes, ils ne pour-
suivaient que leurs seuls intérêts et travaillaient réellement à la perte du trône et de la dynastie.

A l'appui de ma thèse, je leur montrai les conséquences désastreuses que les faits accomplis avaient
eues déjà, et j'en tirai des conclusions pour l'avenir.
Mes paroles semblèrent surprendre la reine et son
mari autant que les preuves dont je les soutenais.
Loin de s'en offenser, ils me félicitèrent tous deux de

ma franchise, ajoutant même que ma clairvoyance en politique ne paraissait pas être au-dessous de mon habileté comme médecin et comme magicien

Décidément j'étais en très bonne situation pour mener à bien mes projets. Du reste, les intérêts de la reine me semblaient devoir s'identifier beaucoup plus avec ceux de la France qu'avec ceux de l'Angleterre, et j'étais sincère en parlant comme je l'avais fait. Nous continuâmes ainsi à causer de choses et d'autres, absolument comme si nous avions été des amis de vingt ans, jusqu'à ce que la pendule placée sur la console frappât les douze coups de midi. Je pris congé de la reine et du Premier Ministre, en leur disant que je me tiendrais à leur disposition et que d'abord j'allais m'occuper immédiatement de faire une ordonnance pour Sa Majesté.

XXX

Comme je rentrais chez moi, je vis arriver une
jeune esclave qui était chargée de m'apporter, de la
part du Premier Ministre, des présents consistant,
comme d'habitude, en volaille, œufs et miel. L'esclave
elle-même faisait partie de l'envoi. Elle appartenait à
la race sakalave et était vraiment gentille, pour une
Malgache s'entend. — Ses cheveux longs et brillants
étaient tressés avec un art infini et des boucles
soyeuses encadraient sa figure, moins brune que la
plupart de celles que j'avais vues. Son regard langou-
reux n'était pas sans charme, et sa bouche qui s'ouvrait
en un perpétuel sourire laissait entrevoir des dents
superbes. Son lamba de fine étoffe aux couleurs écla-

tantes, frangé du bas, était drapé avec beaucoup d'art, et un collier en verroterie de toutes couleurs, séparé par-ci par-là par des pièces de monnaie de différentes nations, pendait sur la poitrine.

Elle déposa les cadeaux qu'elle apportait sur un des coffres de mon bagage et se tint timidement devant moi, dans une pose un peu embarrassée.

Je savais ce que cela signifiait; mais, si j'avais eu à faire le plus léger effort de vertu pour repousser ces avances muettes, je n'en eus pas le temps, car un envoyé de la reine survint aussitôt. Il prononça en malgache quelques paroles que je ne compris pas, naturellement, mais dont je devinai le sens, car la jeune esclave rougit; je vis une flamme de colère passer dans ses yeux, puis sa bouche se crispa comme sous l'impression d'un violent chagrin et elle finit par se mettre à pleurer.

Peut-être aurais-je essayé de la consoler, car je n'ai jamais pu voir pleurer une femme; mais je n'en eus pas davantage le loisir; l'envoyé de la reine l'emmena brusquement, me laissant faire toutes les suppositions possibles quant au motif qui avait porté la reine à envoyer chercher cette jeune fille, dont son mari m'avait si généreusement fait cadeau.

Par malheur ce petit événement s'ébruita, car on aime les cancans à Tananarive, tout aussi bien qu'ailleurs, et il vint à la connaissance des rigides Anglais, qui ne manquèrent pas de porter à ce sujet les jugements les plus téméraires; mais si ce leur fut un prétexte pour

attaquer la réputation de la reine, au moins ne put-elle,
il me semble, leur fournir le moindre argument contre
ma propre vertu.

Le bruit de la confiance que me témoignait la reine
s'étant répandu dans Tananarive, je reçus la visite de
presque tous les hauts fonctionnaires malgaches, et
entre autres celle de l'évêque de Tananarive qui venait,
lui aussi, me féliciter des succès que j'avais obtenus,
succès, ajouta-t-il, dont nous ressentirons bientôt les
bons effets. « Les Malgaches sont très spontanés dans
la manifestation de leurs sentiments et, sachant les
bonnes dispositions de la reine à votre égard, ils ne
tarderont pas à recommencer d'envoyer leurs enfants à
nos écoles, qu'ils avaient désertées quand ils croyaient
que la reine et le Premier Ministre penchaient en
faveur des Anglais.

— Maintenant, ajouta-t-il, j'ai appris que vous avez
beaucoup à vous plaindre de la nourriture, principalement en ce qui concerne le vin et surtout le pain. En
effet, la boulangerie malgache n'est pas même encore
dans l'enfance, et l'art de pétrir la farine est complètement inconnu des sujets de la reine Ranavalo. Voulez-vous bien me permettre de mettre à votre
disposition, pour tout le temps de votre séjour ici,
tout le vin et tout le pain dont vous pouvez avoir
besoin ? Nous faisons fabriquer ce dernier au couvent
pour notre usage. »

J'acceptai avec reconnaissance, quant au pain, refusant pour le vin, dont M. Le Myre de Vilers avait eu l'extrême obligeance de me pourvoir.

Du reste, à dater de ce jour, j'eus l'honneur d'être admis, deux et même trois fois par semaine, à la table de notre Résident, qui, ma foi! je dois le dire en passant, était excellente, attendu que M. Le Myre de Vilers avait amené de France un parfait cuisinier avec deux aides, plus des cargaisons de conserves de premier choix, ce qui est fort utile dans un pays où les ressources culinaires sont très bornées. J'avoue que je n'étais pas fâché de me refaire un peu ainsi des longues privations que m'avait fait éprouver la mauvaise cuisine à laquelle j'avais été réduit depuis mon arrivée à Tamatave.

Je dirai tout de suite que, avant de quitter Tananarive, j'allai prendre congé de l'évêque. Cet excellent homme, qui était de l'Ariège, me remit alors sa carte, sur laquelle il avait écrit quelques lignes, contenant les attestations les plus flatteuses au sujet des services que j'avais rendus, là-bas, aux représentants de la religion catholique, pour que je la fisse passer au cardinal Deprez, archevêque de Toulouse. J'avoue que je n'ai jamais remis cette carte et que je l'ai toujours en ma possession.

Après cette visite de l'évêque, je me rendis chez M. Le Myre de Vilers et je le mis au courant de mon entrevue du matin, le priant de vouloir bien me tracer la ligne de conduite que je devrais suivre dans les entretiens que je pouvais encore avoir avec la reine et

avec le Premier Ministre, et de m'indiquer les points
principaux sur lesquels je devais insister pour ne pas
m'écarter de ses vues. Ce que je désirais, ce n'étaient
pas des pouvoirs écrits, mais une parole — je savais
que je pouvais compter sur celle de M. Le Myre de
Vilers — qui me permît de croire que je ne serais pas
désavoué dans le rôle que je me trouvais appelé à
jouer. M. Le Myre de Vilers me la donna, et nous
convînmes, à mon instigation, que je laisserais croire à
la reine et au Premier Ministre que la politique de
notre Résident n'était pas la mienne, et que même il n'y
avait que des considérations de convenance qui m'obli-
geassent à paraître bien avec lui. J'avais jugé prudent
d'agir ainsi, sachant en quelle défiance le Premier
Ministre tenait M. Le Myre de Vilers.

Celui-ci approuva ma manière de voir. Il fut arrêté
entre nous qu'il me donnerait toutes les instructions qu'il jugerait convenables à l'accomplissement de
ses projets, et que, du reste, il recevait lui-même du
Ministère des Affaires étrangères de France. Cela me
permettrait de mieux m'y reconnaître dans ce laby-
rinthe politique où les plus habiles, les Talleyrand-
Périgord eux-mêmes, se sont égarés.

XXXI

La question politique ainsi réglée, je me mis à réfléchir sur le mode de traitement que je devais suivre avec la reine quant à sa santé. Son état, ainsi que je l'ai dit, n'avait rien de bien grave ; il était causé par la privation d'air et d'exercice et par le manque de distractions. Le Premier Ministre la tenait enfermée dans son palais comme une carmélite ; elle éprouvait ce que pourrait éprouver toute jeune femme, française ou autre, mariée à un homme de soixante ans, qui ne cherche ni à lui être agréable ni à satisfaire ses goûts. En un mot, elle s'ennuyait.

A Paris, quand une femme est prise de ce genre de maladie, le médecin qui la soigne a toutes sortes de distractions à lui prescrire. Ce sont les visites, les théâtres, la promenade ; les courses dans les

magasins, les musées, que sais-je ? Elle peut même
faire enrager son mari. La pauvre Ranavalo n'avait pas
cette ressource et tous les divertissements qui lui
étaient permis consistaient en d'interminables parties
de loto, qui ne fournissaient pas un aliment suffisant à
son intelligence, ouverte et avide de s'instruire. Le
rôle qu'elle jouait en politique était absolument négatif et ne pouvait être d'aucune ressource pour son
esprit : c'était le Premier Ministre qui faisait tout.
Quelquefois, pour les questions extérieures et pour
la forme, il avait l'air de soumettre les projets à son
approbation, mais elle devait toujours dire : Oui, sans
pour ainsi dire savoir ce dont il s'agissait.

Partant de là, mon ordonnance fut vite conçue. Je
la soumis au docteur Baissade et je fus heureux de
voir qu'il approuvait complètement le traitement que
je comptais faire suivre à la reine. On comprend que,
retenu par le secret professionnnel, je ne puisse pu-
blier ici le texte complet de l'ordonnance que je formu-
lai ; je puis pourtant, sans m'écarter des devoirs qui
sont imposés à un médecin, en donner quelques frag-
gments. J'y insistais surtout pour que la reine pût
prendre des distractions, celles que lui offrait la
société de ses deux dames d'honneur étant insuffisan-
tes. Un séjour à la campagne, aux environs de Tananarive pouvait lui faire grand bien. Je lui ordonnai
aussi de boire du vin de Bordeaux à tous ses repas et
de les terminer par du vin de Champagne.

Je savais que, si la reine n'avait pas ces vins,

M. Le Myre de Vilers, dont la cave était fort bien garnie, mettrait avec plaisir à sa disposition, en attendant que Sa Majesté pût les faire venir de France, par l'entremise des frères Bontemps de Tamatave dont j'ai déjà parlé, tout ce qui lui serait nécessaire.

C'est ce que je fis savoir le lendemain à Sa Majesté, dans une seconde consultation à laquelle j'avais été appelé par le billet suivant de Marc Rabibisoa qui, en même temps qu'il était notre interprète, servait de secrétaire à la Reine.

PRIVÉE ET CONFIDENTIELLE

« Mon cher Monsieur Cazeneuve,

» Son Excellence le Premier Ministre me charge de vous inviter à venir pour la consultation. Je vous attends à la porte du palais. Venez seul. Il ne m'est pas nécessaire de vous recommander la discrétion la plus complète.

» Sincèrement à vous

» *Signé* : Marc RABIBISOA. »

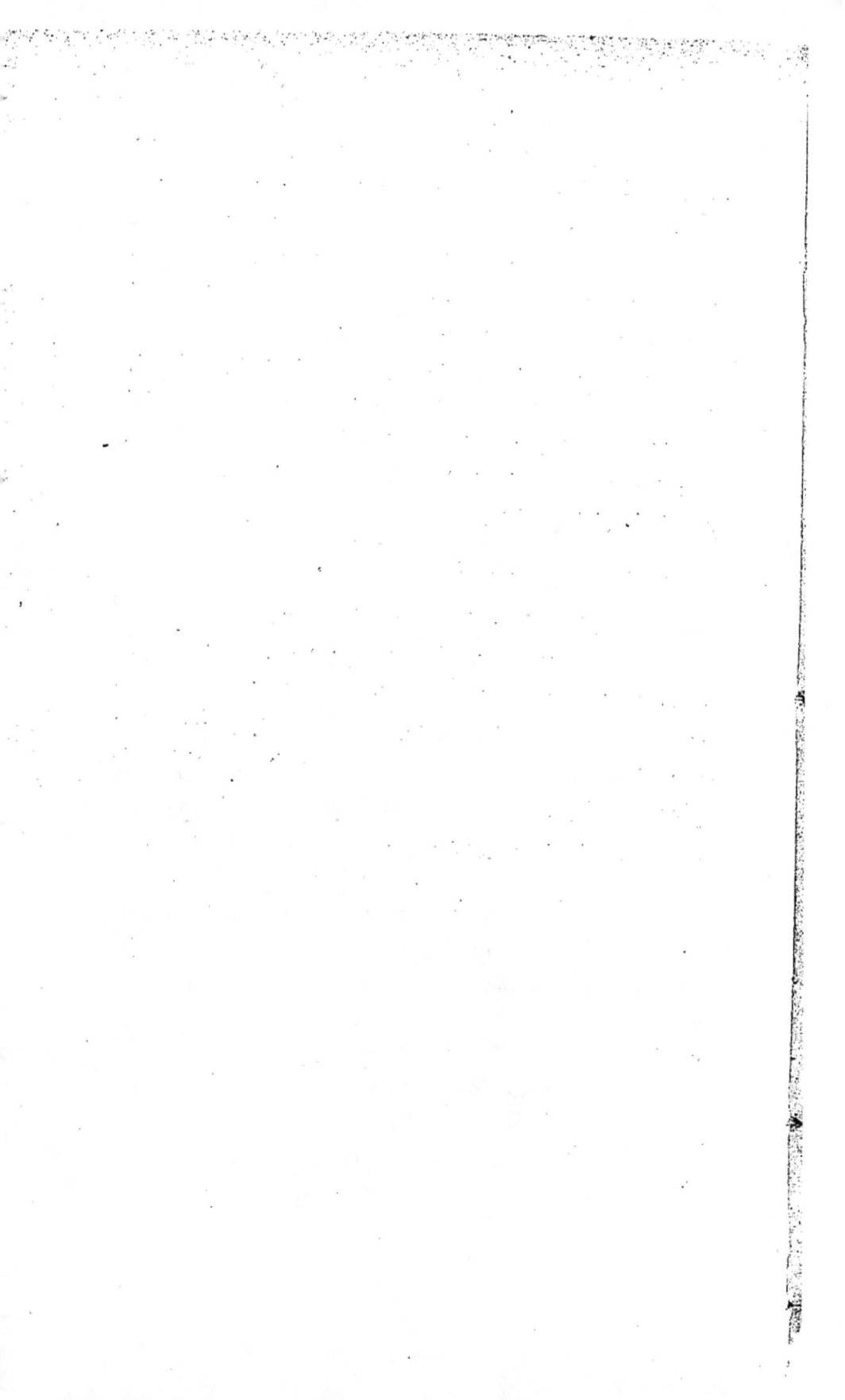

XXXII

Nous fûmes introduits dans le petit salon où j'avais été reçu la première fois, avec la même absence de cérémonial, et par les mêmes officiers de service. Comme la première fois aussi, le Premier Ministre était là, et la reine étendue sur le canapé. Elle portait un peignoir rose pâle, d'étoffe transparente, sur une chemise de fine batiste, suivant l'usage adopté par les femmes dans les pays tropicaux de se vêtir très légèrement. Sa figure me parut plus fatiguée que dans l'entrevue précédente. A mes questions, elle me répondit qu'elle avait de grandes palpitations, et, me montrant avec son doigt long et mince la place du cœur, elle me dit :

— C'est là que ça me fait mal.

Puis, prenant ma main, elle la posa au même endroit pour que je sentisse les battements.

Je fis quelques frictions à la place indiquée, je prescrivis des insufflations et, me faisant apporter un carré

de flanelle, je montrai à son mari et à la dame de
compagnie qui se trouvait là comment on devait les
faire en posant le morceau de flanelle sur la partie
malade, en y appliquant hermétiquement ses lèvres, et
en y soufflant de l'air chaud, pris à grandes inspira-
tions. Je lui indiquai aussi la manière de s'y prendre
pour des frictions et pour des massages.

La reine parut se trouver assez bien des quelques
soins que je venais de lui donner, et après que je lui
eus fait prendre un léger cordial, nous nous mîmes,
comme après la consultation précédente, à causer sur
différents sujets. Je remarquai l'insistance du Premier
Ministre à amener toujours l'entretien sur les affaires
politiques, ce à quoi je ne me refusais pas, bien au
contraire, espérant toujours en profiter pour agir sur
son esprit ; toutefois, dans ces premières entrevues,
voulant prendre le temps d'étudier mes réponses et
surtout de pénétrer, autant qu'il se pourrait, sa pensée
intime, j'évitais le plus possible de répliquer catégori-
quement à ses questions. Bientôt pourtant, croyant
m'apercevoir qu'il devinait mon jeu, je changeai de
tactique et j'eus l'air de m'ouvrir complètement à lui.
Il put supposer que, au premier moment, ma réserve
avait été motivée par un certain sentiment de défiance,
mais que la cordialité avec laquelle il me parlait, l'insistance qu'il mettait à me rappeler que, quelques
jours auparavant, je lui avais promis de lui présenter
mes observations chaque fois qu'il me le demanderait,
m'avaient enlevé tout soupçon et engagé à causer avec
lui à cœur ouvert.

C'est ainsi que je devins le médecin particulier de Ranavalo III, et bientôt après celui du Premier Ministre, aussi bien que des principaux personnages de leur entourage. Quant à la reine qui, je l'ai dit, n'était pas positivement malade, mais seulement un peu languissante, j'eus la satisfaction de voir que, au bout de quinze jours, elle était absolument métamorphosée ; son teint avait repris de la fraîcheur, ses yeux de l'éclat, son regard de la vivacité ; elle était redevenue gaie et souriante, et montrait beaucoup d'animation dans les entretiens qui suivaient les consultations. Quand le Premier Ministre était absent surtout, ce qui arrivait quelquefois, et que nous nous trouvions seuls, sans autre témoin que sa dame d'honneur et Marc Rabibisoa qui lui était dévoué, elle me parlait avec beaucoup d'abandon.

Lorsque ces conversations avaient lieu en présence du Premier Ministre, la reine s'exprimait toujours en malgache, Marc Rabibisoa traduisait ses paroles aussi bien que les miennes, car l'étiquette de la cour défend qu'il en soit autrement : la reine étant censée ne pas connaître d'autre langue que celle de son peuple ; mais quand nous étions seuls, elle s'exprimait en français. J'employais alors le *tu* selon l'usage de l'Orient où l'on tutoie tout le monde, même le sultan, et où ce mot n'implique aucune idée de familiarité. Nos entretiens roulaient alors le plus souvent, de même que lorsque le Premier Ministre était là, sur la politique, sur les affaires de l'Etat, sur l'avenir de Madagascar qui la

10

préoccupait beaucoup ; elle me faisait part de ses désirs, de ses espérances ; elle me soumettait ses projets. Je les discutais avec elle ; je lui présentais mes observations, je lui suggérais de nouvelles idées. Elle m'avouait sa sympathie pour la France, dont elle accepterait bien plus volontiers le protectorat que celui de l'Angleterre, si elle était libre d'agir selon ses sentiments. Quoiqu'elle eût embrassé la religion de nos ennemis, — peut-être lui avait-il été impossible de faire autrement, — leurs sourdes menées, leur hypocrisie lui étaient odieuses et répugnaient à sa nature. Je l'entretenais dans ses bonnes dispositions pour nous ; je tâchais de l'encourager à user de son pouvoir pour qu'elles amenassent de bons résultats, et elle me promettait de ne rien signer sans me consulter.

C'est ainsi que mon titre officiel de médecin de la reine se trouva doublé du titre occulte de conseiller intime.

Le Premier Ministre me témoignait une confiance égale et causait avec moi, chaque fois que l'occasion s'en présentait, avec une cordialité apparente ; cependant je savais à quoi m'en tenir sur ses sentiments à mon égard et je soupçonne qu'il était beaucoup plus désireux de deviner ma pensée que de me faire connaître la sienne ; aussi me disais-je :

— Tu es Malgache, mais je suis Gascon, et tu ne me rouleras pas !

XXXIII

Une des circonstances qui disposaient la reine à avoir confiance en moi, c'est qu'elle savait que je connaissais bien son pays. Ce n'était pas en effet la première fois que je venais à Madagascar. Plusieurs années auparavant j'avais visité tout le sud de l'île. Je fis même lecture à la reine d'un article intitulé : *Madagascar inconnu*, que j'avais publié à cette époque dans un journal de Maurice. Il parut l'intéresser vivement. Je le transcris ici :

« La partie sud-est de Madagascar, de la baie Saint-Augustin, à l'ouest, à Fort-Dauphin, à l'est, est une région à peu près inconnue. On sait que les habitants en sont inhospitaliers, que leurs mœurs sont cruelles, barbares même. Deux grandes tribus se partagent ce pays : les Sakalaves et les Bares. Toutes vivent de rapines, aiment le brigandage armé et la guerre.

» Les Hovas n'ont pu établir que quelques postes sur les points de leur territoire les moins éloignés de leur capitale.Leurs commerçants ne s'aventurent pas en ces pays ennemis, que l'Européen lui-même a redouté d'explorer. Les missionnaires norvégiens sont ceux qui s'y sont le plus risqués. Ils ont établi des missions dans certaines parties des pays bare et sakalave, et l'un d'eux, le Rev. Nielsen-Lund, a même accompli heureusement la traversée de l'extrême-sud de Manatanana, à l'ouest, à Fort-Dauphin, à l'est.

» Une revue anglaise de Tananarive, *The Antatanarivo Annual,* a publié une intéressante relation de ce voyage aventureux, où nous trouvons des renseignements précis sur cette région jusqu'ici inconnue de la grande île africaine,et sur les mœurs de ses sauvages habitants.

» Le pays bare, sur la côte ouest, est infertile ; les pluies y sont extrêmement rares, et les cours d'eau, peu nombreux, ont un volume d'eau si peu considérable qu'ils ne peuvent, pour la plupart, porter de canots. Le sol est sablonneux et pierreux. La population est très clair semée, en raison des conditions climatériques ; elle se condense principalement là où il se trouve de l'eau. Elle cultive un peu de riz et élève des bœufs que des *razzias* fréquentes font constamment changer de mains. La fin de la chaîne de montagnes qui divise Madagascar en deux parties, atteint, chez les Bares, une altitude de 4,000 pieds. Quand on descend le versant est, l'apparence du pays change. Les pluies y étant fréquentes, la végétation est exubérante, le sol très fertile, à l'exception de la région du littoral où rien ne vient.

» La traversée de ces régions n'a pas été sans péril pour le Rev. Nielsen-Lund : une semaine après son départ, il fut arrêté et fait prisonnier par des bandits bares, qui ne le laissèrent partir qu'après l'avoir rançonné. Les vivres ne lui furent pas toujours abondants : en une circonstance, sa troupe et lui durent faire leur repas de bananes.

« Le pays étant très peu peuplé, il dut passer la plupart de ses nuits, pendant six semaines, à la belle étoile. Et il faut que le pays ne soit pas des plus malsains pour que, à ce régime, il n'ait pas eu une seule fois la fièvre.

» Il n'a pas rencontré moins de quarante chefs bares, qui prenaient le titre de Roi, et dont le plus puissant commande à mille guerriers et possède vingt mille bœufs. Ces chefs se font constamment la guerre sous les prétextes les plus futiles. L'un d'eux, chez qui il s'arrêta, avait déclaré la guerre à son voisin et neveu, parce que ce dernier avait pris le nom de son grand-père, auquel il prétendait seul avoir droit.

» A la guerre, les Bares se montrent cruels, versent le sang comme à plaisir, et érigent le vol à la hauteur d'un principe.

» Les Bares sont idolâtres. Ils font d'un arbre, d'une pierre, de certains animaux et de certains objets des divinités qu'ils vénèrent superstitieusement. Ce-

10.

pendant, ils ont diverses maximes qui ne manquent
pas d'élévation, telles, par exemple, celles-ci :

Ne cherche pas à te cacher de Dieu, il te voit partout.
Le corps appartient à la terre, l'âme au ciel.
Quand le poulet boit, il élève la tête vers Dieu.

» Bien qu'ils ne se fassent pas faute de piller
l'homme blanc, ils professent pour lui un certain respect. Tous les hommes sont enfants de Dieu, disent-
ils, mais l'homme blanc est son premier-né. Dans
certains villages où il n'était jamais venu de blanc, le
Rev. Nielsen-Lund fut un objet de terreur autant que
de curiosité.

» Quand ils sont malades, les Bares ont confiance
en une sorte d'astrologues, qui, après avoir consulté
les étoiles, leur prédisent la guérison ou la mort.

» Ils croient que le sort de chacun peut être connu
depuis sa naissance. C'est le sorcier qui se charge de
renseigner les parents sur la destinée de leurs nou-
veau-nés. S'il prédit que l'enfant aura un sort
malheureux, comme on croit qu'il pourra occasionner
la mort de son père ou de sa mère, on s'en débarrasse,
soit en le livrant aux flammes d'un bûcher ardent, soit
en le faisant piétiner par les bestiaux.

» La condition de la femme chez ces peuplades est
des plus malheureuses : on la maltraite, on lui confie les
besognes les plus pénibles et les plus répugnantes. La
femme est considérée comme l'esclave de l'homme, qui
la traite en despote brutal.

» Les Bares, comme les autres peuplades malgaches, portent le lamba pour tout vêtement; mais, chez certaines tribus de l'intérieur, chez les Taisakes, le costume consiste en une sorte de jupon en paille tressée, qui est retenu aux épaules et qui couvre tout le corps des bras jusqu'aux genoux. Hommes et femmes portent les cheveux nattés. Ils enroulent ces nattes derrière la tête. Dans un but de coquetterie, ils appliquent des couches de terre blanche, de cendre et de suif à leurs cheveux, dont on ne peut, pour cette raison, reconnaître la nuance.

» L'élève des bestiaux, qu'ils troquent sur la côte contre des armes, de la poudre et du rhum, est l'unique ressource des Bares.

» Le révérend voyageur estime que les missionnaires auront fort à faire, avant d'inculquer à ces sauvages les principes de la morale la plus élémentaire. »

XXXIV

J'étais aussi bien au courant de l'histoire que de la géographie de l'île, et je savais quel peu de fond on pouvait faire sur ceux qui avaient en main les rênes du gouvernement. Je connaissais les bruits qui couraient sur Raïnilaiarivony et quel avait été le sort de M. Laborde — le grand Laborde, comme on dit à Madagascar.

M. Laborde était un Français et c'est celui qui a contribué le plus à établir la suprématie de la France à Madagascar.

En 1831, il revenait de l'Inde lorsqu'il fit naufrage près du Fort Dauphin ; un riche et honorable négociant de cette ville, M. de Lastelle, le recueillit.

La reine des Hovas s'appelait alors Ranavalona. C'était une femme sanguinaire, dont le règne n'a été

qu'une longue série de tyrannies et de cruautés.
Toutefois elle avait certaines idées de grandeur, et elle
cherchait un blanc capable d'établir dans son pays des
manufactures de fusils et de canons, qui lui permissent
de tenir tête aux Anglais.

Dès que M. de Lastelle eut pu apprécier le compatriote que la tempête lui avait envoyé, il écrivit à la
reine qu'il avait trouvé un blanc capable de réaliser
son projet, et aussitôt M. Laborde obtint l'autorisation
de monter à Tananarive.

La capitale n'était pas alors ouverte aux Européens ;
ce n'est même qu'en 1856 que Ranavalona permit à
quelques-uns d'entre eux de s'établir à Tamatave et de
faire un peu de commerce sur quelques points déter-
minés de la côte.

M. Laborde, par son mérite personnel, par les
ressources de son intelligence, par les grandes qualités de son esprit et de son cœur, prit bientôt sur
l'esprit de la reine un ascendant considérable. Avec
une énergie et une puissance de volonté extraordinaires, sans machines, presque sans outils, n'ayant à sa
disposition que les ouvriers de la contrée, il créa des
fonderies de canons, des forges, fabriqua de la poudre,
établit des manufactures de savon, d'indigo, des verre-
ries, des sucreries, et introduisit dans l'île une foule
d'industries inconnues jusqu'alors.

Pendant plus de vingt-cinq ans, M. Laborde sut
conserver cette haute situation, se servant de son crédit en faveur de la France, rendant sans cesse des ser-

vices à ses compatriotes, et contre-balançant de tout son pouvoir les cruautés de la reine.

Il avait pris en affection le prince Rakoto, qui manifestait des sentiments tout opposés à ceux de sa mère. M. Laborde cultiva ces heureuses dispositions avec tant de soin qu'il sut faire du jeune prince un homme aussi juste, aussi généreux et aussi éclairé que la reine Ranavalona était bornée et barbare.

M. Laborde avait établi sa principale résidence à huit lieues de Tananarive. Une petite rivière qui se précipitait en cascades, mettait en mouvement les roues de ses usines. De magnifiques jardins, où il se plaisait à faire cultiver tous les fruits et tous les légumes de France, entouraient son habitation.

Il y avait déjà longtemps que M. Laborde était fixé à Madagascar, quand un autre Français, M. Lambert, y arriva. M. Lambert avait créé à Maurice une importante maison de commerce; des intérêts d'affaires l'amenèrent dans l'île.

Peu de temps après son arrivée, il eut occasion de rendre un grand service à la reine en lui prêtant un de ses bâtiments pour porter des vivres à la garnison d'un petit fort assiégé et qui se trouvait menacée de la famine. Elle permit alors au négociant de monter à Tananarive et le reçut avec toutes sortes d'honneurs, revêtue de son costume royal, couronne en tête. Ranavalona ayant demandé à M. Lambert ce qu'il désirerait en récompense du service qu'il lui avait rendu, M. Lambert exprima le vœu que le gouvernement

hova donnât cours légal à la monnaie française ; c'est
un avantage que nous avons conservé.

M. Lambert, dès son arrivée à Tananarive, se prit
pour le prince Rakoto, qui était à peu près de son âge,
d'une vive et généreuse affection. Il jura même avec lui
le *serment du sang*, par lequel deux personnes s'unis-
sent d'une amitié qui les rend frères à jamais, et il en
fit un sincère ami de la France.

Le jeune prince gémissait amèrement des souffran-
ces de son peuple. L'âge semblait avoir exaspéré
encore les dispositions de la vieille reine ; elle était devenue comme folle de cruauté. Il ne se passait pas de
jour qui ne vît une ou plusieurs exécutions. Des centaines, des milliers d'individus avaient leurs biens
confisqués et étaient vendus comme esclaves. Il suffisait que la reine eût vu une personne en songe pour
qu'elle la considérât comme son ennemi et qu'elle la
condamnât à boire le tanghin ou à être précipitée de
l'Ampamarinana, cette sorte de roche tarpéienne, située
près du palais de Tananarive, et dont j'ai déjà parlé.

Une seule sentence fit périr soixante-dix-neuf individus par le feu ou par le couteau, et le même jour elle
fit mettre aux fers douze cent trente-sept malheureux.
Tous les forgerons de Tananarive furent requis pour
procéder à cette monstrueuse opération.

La reine reprochait à ses sujets de ne pas assez se
dénoncer entre eux ; elle leur donna un mois pour le
faire ; au bout de ce temps, si les dénonciations n'étaient
pas suffisantes à son gré, elle ferait donner le tanghin

à tout le monde. — C'était le régime de la Terreur.

Les choses en étaient venues à un tel point qu'il se forma un complot pour renverser Rainijohari, le favori de la reine, à l'influence duquel le prince Rakoto, qui aimait tendrement sa mère, attribuait tout l'odieux de ses actes.

M. Laborde et M. Lambert étaient entrés dans ce complot, dont le prince lui-même avait connaissance, et ils avaient réclamé, pour le faire réussir, l'appui de Napoléon III, lui offrant le protectorat de l'île. Les chefs malgaches joignirent à la lettre touchante de leur prince une sorte de requête où ils exposaient, de la manière la plus pressante, l'état affreux où était réduite toute la population de Madagascar.

L'empereur laissa cet appel sans réponse et on ne s'explique guère l'aberration et l'aveuglement dont il fit preuve en cette circonstance.

Quand le prince Rakoto apprit le refus de Napoléon III, il tomba dans un profond désespoir.

— Ah ! s'écriait-il, on laissera donc périr ce malheureux peuple !

Une autre personne aussi avait connaissance du complot : c'était le chef de la Missionary Society, le révérend M. Ellis. Il comprit que, s'il réussissait, le parti français allait dominer à Madagascar : il résolut d'en empêcher l'exécution ; mais, ne voulant pas assumer l'odieux de la dénonciation, il en chargea un des conjurés, un Hova, qui, moyennant une somme d'ar-

11

gent, — c'est une chose qui ne fait jamais défaut aux Anglais — consentit à vendre ses chefs, ses compatriotes, ses amis, et à faire connaître à la reine la conjuration formée contre Rainijohary.

Cette révélation déchaîna toutes les fureurs de Ranavalona. Elle fit d'abord saisir tous les chefs hovas et les fit périr dans les supplices les plus atroces; mais elle n'osait s'attaquer aux blancs; elle voulait d'abord s'assurer s'ils étaient coupables et eut recours à une pratique qui a quelque rapport avec celles usitées chez nous au moyen âge.

A cet effet elle fit administrer le tanghin à autant de poules qu'il y avait d'étrangers suspectés, chacun des volatiles représentant M. Laborde, M. Lambert, Mme Pfeiffer, qui se trouvait alors à Tananarive, etc. Toutes les poules étant mortes, excepté une, qui représentait un missionnaire français, les accusés furent convaincus d'avoir pris part au complot. La reine voulait les condamner à mort et les faire exécuter; mais son fils parvint à obtenir que la peine fût changée en celle du bannissement. Tous les blancs furent donc chassés de la capitale, jusqu'à M. Laborde, qui avait passé vingt-sept ans de sa vie à rendre des services à la reine et à créer des établissements utiles.

Le prince Rakoto, navré de douleur, fut obligé de se déguiser en esclave pour aller, à la faveur de la nuit, serrer une dernière fois la main à M. Laborde et à M. Lambert. « Je n'ai rien pu obtenir pour vous, leur dit-il, tout en larmes. — Méfiez-vous des Anglais;

prenez garde aux Anglais ! » ajouta-t-il. — La recommandation était inutile : nos compatriotes savaient à quoi s'en tenir.

Si la reine s'était laissé convaincre de ne pas mettre les Français à mort, c'est qu'elle avait espéré que la fièvre l'en débarrasserait, et elle fit tout son possible pour atteindre ce résultat. Des ordres furent donnés pour que le voyage durât le plus longtemps possible et pour qu'on séjournât dans les endroits les plus malsains. Les soixante-dix lieues qui séparent Tananarive de Tamatave, et qu'on met ordinairement, en descendant, sept ou huit jours à faire, ne furent franchies qu'en deux mois. M. Lambert et Mme Pfeiffer furent tout le temps en proie à la fièvre. La bonne constitution de M. Lambert triompha de la maladie, mais Mme Pfeiffer n'en guérit jamais et succomba dès son retour en Europe.

Quelques années après, la méchante reine Ranavalona rendait sa vilaine âme à Dieu, et son fils Rakoto montait sur le trône sous le nom de Radama II. Il s'empressait de rappeler ses amis, M. Laborde et M. Lambert, et put enfin mettre à exécution ses plans généreux de réforme. Madagascar était ouvert à tous les étrangers ; un traité était signé avec la France ; mais à peine les bienfaits du nouveau règne se faisaient-ils sentir, que Radama était assassiné. Par qui ? C'est ce qu'on ne peut dire avec sûreté ; mais beaucoup, même parmi les Anglais, n'hésitent pas à dire que le révérend Ellis n'est pas étranger à ce crime. En tous cas, après avoir dépensé, pendant les mois qui précédèrent cet événement, d'énormes sommes d'argent pour détruire notre influence auprès du nouveau roi, il sut habilement en tirer parti au profit de l'influence anglaise, et il est difficile de croire qu'il n'y ait pas trempé.

Un autre personnage aussi est accusé d'y avoir pris part ; c'est le Premier Ministre actuel, Rainilaïarivony, et on comprendra sans peine que le souvenir de ces lugubres tragédies ne me donnât pas beaucoup de confiance dans un personnage qui était soupçonné d'y avoir joué un rôle.

XXXV

Un jour que je me trouvais complètement seul avec la reine, elle me dit :

— J'ai besoin de m'entretenir quelquefois en particulier avec toi ; car j'aime la France, plus que je ne peux le manifester, et c'est pour parler d'elle que je te ferai venir de temps en temps, à l'insu du Premier Ministre, auquel, par malheur, je ne peux faire partager les sentiments que j'éprouve ; quand je voudrai en causer, je te le ferai savoir par une femme à mon service, qui m'est complètement dévouée, car j'ai sauvé la vie à son mari qui était condamné à mort. Elle ne sait pas le français et je ne la chargerai d'aucun message, ni verbal ni écrit ; mais quand tu la verras passer devant ta fenêtre, ou si tu entends le soir un petit caillou frapper ton volet, cela voudra dire que je t'attends.

Suis-la. Inutile de te recommander la discrétion la plus absolue.

J'avais déjà eu plusieurs entrevues secrètes avec la reine quand un soir, vers onze heures, un léger coup retentit à ma fenêtre. Je me hâtai de l'ouvrir : la femme était là. Elle me fit un signe. Quittant aussitôt la maison, après m'être muni de mon revolver et d'un bon gourdin, je me hâtai de la suivre, à pied, comme on pense bien.

Elle me fit prendre une multitude de tours et de détours, et, m'amenant près d'une brèche par laquelle on pouvait gagner la terrasse où s'élève l'habitation de la reine, elle me conduisit dans une partie des bâtiments que je ne connaissais pas.

Sa Majesté m'attendait dans une petite pièce, assez faiblement éclairée; elle était seule. La femme qui m'avait amené demeura avec nous, mais ses indiscrétions n'étaient pas à craindre ; car, ainsi que je l'ai dit, elle ne savait pas un mot de français. La reine avait l'air très agitée. Après quelques paroles confuses, peignant l'état de son esprit, elle me montra un papier que le Premier Ministre avait soumis à son examen et qu'elle devait approuver et signer. C'étaient les clauses d'un traité passé avec la maison Kingdon, de Londres, au sujet du fameux emprunt de dix millions dont il a été si souvent question à cette époque et qui fit tant de bruit. Ce projet avait fait, à plusieurs reprises, le thème de mes conversations avec la reine, qui connaissait mes sentiments à ce sujet.

En apprenant que ce traité venait d'être conclu,
j'éprouvai une cruelle déception et je ne fus pas maître
de ma colère. Je reprochai vivement à la reine la dissi-
mulation dont elle avait usé à mon égard, en prenant
une résolution semblable sans m'en avoir parlé, au
mépris de la promesse qu'elle m'avait faite de me
consulter dans les occasions importantes.

— Ainsi, m'écriai-je, tu fais cause commune avec nos
ennemis ! Tu signes un traité qui nous est préjudiciable
et tu le signes en secret encore ! Est-ce là ce que je devais attendre, après les engagements que tu avais pris
avec moi ? Ainsi tes protestations d'amitié, de sympathie
pour la France, étaient des paroles trompeuses ! Je
n'attendais pas de ta part une pareille duplicité !

La reine essaya quelques explications en manière
d'excuses ; elle me pria, me supplia de la croire
étrangère à tout cela... Elle avait, me dit-elle, été
contrainte par son mari de signer ce traité ; on lui
avait fait croire qu'il était avantageux pour son pays.
Elle ne savait pas que je dusse en être si courroucé ; si
elle avait pensé...

— Comment ! tu ne savais pas que ce traité était
une offense à la France et que, offenser mon pays, c'est
m'offenser moi-même !

Et comme elle s'avançait vers moi les mains tendues
pour essayer de me calmer, je la repoussai en lui
disant :

— Je n'aime pas les traîtres !

Ces mots parurent produire un grand effet sur elle.

— Oui, continuai-je, tu m'avais fait croire que tu nourrissais de bons sentiments pour la France ; je vois que je me suis trompé ; que toutes tes sympathies sont pour les Anglais : je n'ai plus rien à faire ici !

Et prenant mon chapeau que j'avais, en entrant, posé sur un meuble, je fis mine de me retirer.

La femme de confiance, témoin de cette scène, ne comprenait pas une des paroles que nous échangions ; mais elle devinait, à l'air de désolation de la reine et à mon ton courroucé, qu'il se passait quelque chose de grave. Voyant que je me préparais à partir, elle se jeta à mes pieds, prenant sans s'en douter une pose de suppliante à la manière antique, appuyant ses mains sur mes genoux, comme Thétis sur les genoux de Jupiter, et prononça en malgache des exclamations dont je saisissais le sens.

La reine paraissait très émue. Elle s'élança au-devant de moi, lorsque, m'étant débarrassé des étreintes de sa suivante, je me dirigeais vers la porte, et me posant la main sur le bras :

« Ne pars pas, me dit-elle ; je t'en prie, ne pars pas !

— Si, répliquai-je, je partirai ; je ne saurais demeurer plus longtemps dans une cour où je suis bafoué, où mon pays est méprisé, où l'on me fait entrevoir des espérances qu'on n'est pas disposé à réaliser.

« Et d'ailleurs, repris-je, cet emprunt fait à l'Angleterre, pour payer les frais de la dernière guerre et pour amener l'évacuation des Français de Tamatave, on te l'a représenté comme avantageux pour toi. Eh bien, il ne l'est pas ! L'Angleterre va te verser ces millions en roupies anglaises. Ces roupies, n'ayant pas cours en France, seront refusées par le gouvernement français, qui, sans doute, ne voudra accepter, pour cette indemnité de guerre, que de l'or ou de l'argent français. Tu seras donc dans l'obligation de recourir à une grande maison de banque pour changer les roupies que tu auras reçues. Or la roupie anglaise étant tarifée au pair à 2 fr. 50, mais ne valant de fait que 1 fr. 45, c'est déjà près de cinquante pour cent que tu perdras au change. Tu seras en outre dans l'obligation de payer un escompte de 3 0/0 au moins à la maison de banque qui traitera cette affaire. En résumé, tes dix millions se fondront de main en main, sans que l'indemnité de guerre ait été payée et sans qu'il t'en reste rien. Voilà ce que l'amitié que je te porte me force à te dire ; ce sera le dernier service que je t'aurai rendu. Adieu ! »

Pendant que je parlais ainsi, élevant la voix au-dessus du diapason ordinaire et appuyant bien sur chaque mot afin de les mieux graver dans l'esprit de la reine, je voyais se refléter sur sa figure l'expression des divers sentiments que ce que je lui disais faisait passer dans son esprit ; ses yeux brillaient de colère, son front se plissait, sa bouche laissait échapper de sourdes exclamations, tandis que ses mains s'agitaient avec impatience.

Tout à coup, se précipitant sur le papier étalé sur la

11.

table, elle le prit, et, sans articuler une parole, le déchira avec rage en plusieurs morceaux, qu'elle laissa retomber sur le tapis ; puis, tendant ses deux mains vers moi, pendant que ses traits reprenaient leur expression habituelle, elle me les serra en disant :

« Merci ! merci !

« Tu vois, ajouta-t-elle ; je fais selon ton désir. »

On devine si j'exultais ; je parvins cependant à rester maître de moi.

— C'est bien, répliquái-je froidement, et je vois que la France peut te considérer comme une amie ; mais il est une autorité à laquelle tu n'auras peut-être pas le courage et la force de résister. Je crains que ton mari qui, lui, ne nous aime pas, n'arrive à se passer de ta signature, car c'est lui qui est le vrai maître, et ta royauté n'est qu'un simulacre.

— Que puis-je, dit la reine avec tristesse, et comment lui résister ?

— Il faut prendre une part plus active aux grandes questions qui concernent l'avenir de l'État ; si tu aimes réellement ton peuple, il faut le prouver en montrant plus de souci de ses intérêts que tu ne l'as fait jusqu'ici. Si tu déploies de l'énergie, le Premier Ministre n'osera rien contre toi. Pour commencer, puisque tu es forcée de contracter un emprunt, c'est à la France que tu dois t'adresser. Le Comptoir d'Escompte de Paris a envoyé ici deux hommes de confiance en vue de le négocier. Ils ont été présentés en cette qualité à notre Résident général, je te conseille de t'entendre

au plus vite avec eux. Tu éviteras ainsi les frais oné-
reux qu'aurait amenés l'emprunt à la maison Kingdon.
Ce n'est qu'en agissant ainsi, loyalement et prompte-
ment, que tu pourras régulariser ta situation vis-à-vis
de la France, et éviter les complications politiques et
financières pour l'avenir.

Je venais de livrer une grosse partie et je l'avais
gagnée. En arrivant, j'avais cru que nous avions été
joués au profit des Anglais, tandis que c'était moi qui
venais de les battre, en faisant annuler les conventions
sur lesquelles ils avaient compté.

Je ne me sentais pas de joie.

Prenant le papier que la reine venait de déchirer, je
la remerciai avec effusion de ce qu'elle venait de faire,
et, ramassant les fragments épars sur le tapis, je les
emportai.

XXXVI

Il était environ une heure du matin lorsque, toujours accompagné de mon guide, je rentrai chez moi. Je trouvai mon secrétaire Pappasogly très inquiet de mon absence prolongée.

Il se disposait à courir à la Résidence pour informer M. Le Myre de Vilers de ma disparition. Mon arrivée le rassura ; il se débarrassa du revolver dont il s'était armé pour aller à ma recherche, et, en voyant l'expression rayonnante de mon visage, il comprit que je n'avais couru aucun danger et que même je rapportais de bonnes nouvelles. Toutefois, fidèle à mon serment, — on se rappelle que j'avais promis à la reine de garder le secret des entrevues que j'aurais avec elle, — je ne lui parlai pas de ce qui s'était passé.

J'eus une nuit très agitée ; j'essayai en vain de trouver le sommeil, et j'attendis avec anxiété le lever du jour. Dès que le soleil parut, je courus à la Résidence, et, sans dire à M. Le Myre de Vilers que j'avais été introduit la nuit près de la reine, je l'informai qu'une convention secrète, au sujet d'un emprunt, était sur le point d'être signée avec la maison Kingdon de Londres, battant en brèche le Comptoir d'Escompte de Paris.

M. Le Myre de Vilers accueillit cette communication avec un soubresaut d'inquiétude.

« Pas possible ! s'écria-t-il. Vous en êtes sûr ?

— Je crois pouvoir vous l'affirmer, répliquai-je.

— Je savais qu'il en était question, reprit le Résident général, en se prenant le menton d'un air perplexe ; mais je ne croyais pas les choses si avancées. Il faut empêcher une pareille négociation ; il faut l'empêcher à tout prix ! Si elle réussissait, cela porterait le plus grand préjudice à nos intérêts. C'est avec le Comptoir d'Escompte que cette négociation doit être conclue. Employez tous les moyens en votre pouvoir pour y parvenir.

« C'est ici l'occasion de montrer que vous êtes un bon Français et que j'ai eu raison de compter sur vous ; et puisque vous êtes admis quelquefois dans l'intimité de la reine, usez de tout votre pouvoir pour faire réussir cette dernière combinaison. »

M. le Résident général prononça ces paroles en y mettant, à ce qu'il me parut, une intention qui semblait faire supposer que j'avais sur la reine une influence d'une autre nature que celle que me donnait ma qualité

de médecin et de conseiller ; cependant, si je ne pouvais avouer la manière dont j'avais appris ce que je
lui annonçais, ce n'est pas qu'il y eût, dans l'entretien
que j'avais eu avec Ranavalo, rien qu'on ne pût avouer ;
mais c'est que cet aveu, malgré toutes mes dénégations,
n'eût fait que confirmer M. Le Myre de Vilers dans ses
suppositions. De plus, la nouvelle pouvait s'en répandre
et donner lieu à des interprétations malveillantes,
autant pour la France que pour la reine.

Cependant je ne voulus pas tenir plus longtemps
le Résident général dans l'inquiétude où le jetait la
pensée que le traité de Kingdon était conclu. D'ailleurs,
mon contentement était tel que je n'eusse pas pu le
renfermer davantage. Je lui annonçai donc que, s'il était
vrai que le traité avait été signé, il était vrai aussi qu'il
était anéanti et je lui fournis des preuves palpables de
ce que je lui avançais.

M. Le Myre de Vilers demeura quelques instants
interdit, comme s'il ne pouvait croire à cette heureuse
conclusion, puis il me prit les mains, me les serra à
me faire mal, en disant :

— C'est vrai ? C'est bien vrai ?

Et quand je le lui eus affirmé de nouveau.

— Savez-vous que c'est une grosse affaire que vous
avez menée là, dit-il, et que la France vous doit un beau
cierge !

Cette scène se passait en tête-à-tête entre M. Le Myre
de Vilers et moi, et lui-même doit se la rappeler. Nous
étions tous deux appuyés à la vérandah de l'ancienne

résidence (1). La galerie était tendue de raphia, espèce
d'étoffe faite de fils de palmier, particulière à Madagascar. Je fumais un délicieux cigare qu'il m'avait
offert. Je devinai toute l'importance qu'il attachait à la
communication que je lui faisais par la chaleur des
remerciements et des félicitations qu'il m'adressa. Mais
ce qui me causa le plus de plaisir, ce fut de voir, par
le ton qu'il prit avec moi, à partir de ce moment, le
pas que j'avais fait dans son esprit et dans son estime.

Si, dans les réunions publiques ou devant les étrangers, je continuai à employer les formes cérémonieuses
et le ton de déférence dû au représentant de mon pays,
je causais maintenant avec lui dans l'intimité d'égal à
égal, et il me traitait avec la plus entière confiance.
Il me donna immédiatement, ce jour-là, une preuve
de ses sentiments à mon égard en me montrant une
lettre de M. de Freycinet, où le Ministre des Affaires
Étrangères lui disait : « La France a les yeux sur
vous ; ici vous êtes approuvé hautement dans tout ce
que vous faites et on espère que si, jusqu'à ce jour,
vous n'avez encore obtenu aucun résultat, votre énergie, autant que votre science diplomatique, finiront
par mettre à la raison le *Dictateur* », autrement dit le
Premier Ministre Rainilaïarivony.

---

(1) La résidence qui existait au temps de mon séjour à Madagascar,
n'était que provisoire et en attendant celle qui était alors en voie de
construction, sur un emplacement choisi par M. Le Myre de Vilers,
dans un site charmant, et entourée de beaux jardins. C'est M. Rigaud
qui en a fait les plans et dirigé les travaux.

— Vous voyez, dit-il, où en sont les choses, et le but que poursuit le ministre ; tâchez donc que votre politique privée ne soit jamais en désaccord avec la nôtre.

Je le remerciai de la confiance qu'il me témoignait et dont je ne crois pas avoir jamais démérité. Si quelques reporters, avides de nouvelles à sensation, ont dénaturé le sens de mes paroles quand je me suis exprimé sur le compte de M. le Résident général, je leur en laisse toute la responsabilité.

Je retournai chez moi très fier, dans mon for intérieur, de l'importance du rôle que M. Le Myre de Vilers voulait bien m'attribuer, et très désireux de le remplir au gré de ses espérances.

Le lendemain, je reçus la visite de Marc Rabibisoa. Il venait m'annoncer que Sa Majesté avait décidé qu'une seconde séance de magie serait donnée le lendemain au palais, devant la reine et devant ses invités. J'en informai immédiatement M. Pappasogly, afin qu'il prît, de concert avec moi, les dispositions nécessaires ; car on sait bien que, dans les expériences que j'exécute, tout doit être combiné et préparé à l'avance, même ce qui a l'air improvisé, même ce qui a l'air au premier abord d'une faute. Mon répertoire du reste était assez étendu pour me permettre de donner une douzaine de séances sans jamais me répéter.

XXXVII

Le lendemain soir donc, dans la salle où avait eu lieu la première séance, tout était prêt pour une seconde. De nouveaux invités qu'on avait fait prévenir étaient accourus des environs ; des dames appartenant à la noblesse hova, au teint plus ou moins foncé, et portant plus ou moins bien la toilette, étaient assises sur des chaises rangées en demi-cercle, comme la première fois. A l'heure dite, la reine fit son entrée solennelle, toujours de la manière que j'ai décrite ; elle se plaça sur son trône et la séance commença.

Alors, m'approchant d'elle, je lui demandai s'il lui serait agréable de prendre une tasse de café. Sur sa réponse affirmative faite en souriant, car elle devinait que c'était une entrée en matière, je fis apporter un vase à fleurs en porcelaine qui était vide, plus une petite caisse sans couvercle, contenant du café en grains, non brûlé. Je remplis le vase avec les grains contenus dans la petite caisse et le mis sur une petite table, posée devant le trône de la reine. Alors prenant ma baguette magique et faisant le simulacre d'une évocation, j'ordonnai au café de devenir grillé, moulu, sucré et de se convertir en liquide brûlant, sans que j'eusse recours à la plus petite lampe et à la moindre goutte d'eau. A cet effet, je couvris le vase de cornets en carton, puis, ayant pris un revolver, j'en tirai un coup. Aussitôt un arome délicieux s'échappa de celui des cornets qui couvrait le vase en porcelaine, et mon petit domestique ayant apporté sur un plateau une quarantaine de petites tasses, je les remplis de la liqueur parfumée, en lui ordonnant de les faire circuler parmi les invités, pendant que moi-même j'en offrais à la reine et au Premier Ministre.

Il restait une tasse sur le plateau : je la pris, je me plaçai devant le trône et, la portant à mes lèvres :

— Je bois, dis-je à la reine, à la santé de Votre Majesté et à la prospérité du royaume de Madagascar !

Comme de juste, ce petit speech fut sanctionné par un tonnerre d'applaudissements.

Je présentai ensuite à la reine une boule blanche en ivoire, de la grosseur d'une noix, et la priai de la tenir dans sa main, en la serrant fortement. Je lui demandai alors de quelle couleur elle voulait que devînt la boule.

— Rouge, me répondit-elle.

— Que Votre Majesté regarde, dis-je.

Et chacun put voir que la boule qui était blanche primitivement était, sans que j'y eusse touché, devenue rouge.

Le Premier Ministre voulait à son tour voir s'il pouvait changer la couleur de la boule. Je lui dis que rien n'était plus facile. De quelle couleur voulait-il qu'elle devînt ?

— Bleu clair, répondit-il.

Après quelques passes faites au-dessus de sa main, il l'ouvrit ; la boule était couleur d'azur.

Un troisième personnage ayant repris la boule, je lui annonçai qu'elle allait redevenir blanche dans sa main, ce qui eut bientôt lieu en effet.

Les personnes qui ont certaines notions de physique ne s'étonneront pas de ces variations successives, sachant que la chaleur ou l'humidité altèrent la couleur de certaines substances ; mais les Malgaches n'étaient pas dans ce cas et ils auraient volontiers crié au miracle...

Pendant ce temps on avait apporté au pied du trône un poids en métal de vingt kilos.

— Ce bloc n'est pas absolument léger, dis-je ; je ne le porterais pas volontiers d'ici à Tamatave ; cependant, vous le voyez, je le soulève sans peine.

Joignant le geste à la parole, je l'enlevai et le replaçai à terre à plusieurs reprises.

— Eh bien, dis-je en continuant, je peux augmenter ce poids de telle sorte que je défie aucun de vous de lui imprimer le moindre déplacement.

Un sourire d'incrédulité se répandit sur les lèvres de tous les assistants, mais non sur celles de la reine qui ne doutait plus de ma parole, et qui, du moment que j'annonçais une chose, était sûre qu'elle se ferait.

— Je prie donc, continuai-je, celui qui passe pour être le plus fort parmi vous, de vouloir bien s'assurer de la vérité du fait.

Un officier, que j'avais remarqué, dès le jour de ma réception dans la cour du palais, comme porte-fanion de la reine, s'avança alors. C'était un beau gars, de vingt à vingt-cinq ans, aux formes athlétiques et dont la figure ne manquait pas d'intelligence. Je le vois encore, lui et les grosses lunettes que sa vue délicate le forçait à porter.

— Assurez-vous d'abord, lui dis-je, que ce morceau de métal ne pèse que le poids indiqué.

Il se baissa alors, et sans doute pour faire montre de sa force, il passa coquettement son petit doigt dans l'anneau et souleva le poids.

—Fort bien, dis-je ; reposez-le, et, quand je vous le dirai, essayez de faire la même chose.

Dès que je lui en donnai le signal, il passa, comme la première fois, son petit doigt dans l'anneau.

— Voilà !... commença-t-il, en malgache ; mais la moitié du mot lui resta dans le gosier en voyant que le poids qu'il avait enlevé avec tant de facilité d'abord, semblait avoir doublé de lourdeur.

Il l'enleva néanmoins, mais avec un certain effort.

Je le lui fis reposer de nouveau.

— Maintenant, dis-je, au bout d'un instant, voyons si vous pourrez encore en venir à bout. Je vous engage à y mettre les deux mains.

Il y mit les deux mains en effet, mais il eut beau tirer de tout son pouvoir, il ne réussit pas à faire bouger le poids de place, si peu que ce fût. En vain il renouvela ses tentatives, se tordant les reins, tendant les muscles de ses bras, rien n'y fit. Je voyais les veines de son cou se gonfler, la sueur couvrir son front, tous les traits de son visage se contracter sous ses efforts sans amener aucun résultat. Il fut obligé d'y renoncer. Sa figure exprimait un vif dépit.

— Vous vous étonnez, lui dis-je, de voir ce bloc de métal devenir tout à coup plus lourd à mon commandement; il ne l'est pas plus pourtant que tout à l'heure, il ne pèse toujours que vingt kilos; je suis sûr que ce jeune prince ne sera pas embarrassé pour faire ce que vous n'avez pu faire vous-même.

Et appelant du geste le neveu de la reine qui était assis, comme de coutume, au pied de son trône, je lui fis signe de soulever le poids, ce qu'il fit non sans peine, vu son âge.

L'officier ne savait ce que cela signifiait; il me regardait d'un air courroucé qui paraissait fort amuser la reine.

— Oui, repris-je tranquillement, ce poids ne pèse pas plus qu'auparavant, et si vous ne pouvez plus le soulever, c'est tout simplement que je vous ai enlevé votre force.

— M'enlever ma force ! s'écria l'officier avec un mélange de terreur et de colère, dès que Marc Rabibi-soa lui eut traduit mes paroles ; m'enlever ma force !

Je le laissai quelque temps dans son inquiétude, à la grande joie des spectateurs, puis je lui dis :

— Rassurez-vous, mon ami ; je serais bien fâché de vous priver de votre force pour toujours ; ce serait, j'en suis sûr, priver la reine d'un de ses meilleurs officiers. Puisque je vous l'ai prise, je peux vous la rendre. Soulevez ce poids maintenant et voyez si elle n'est pas revenue.

On devine qu'il le fit sans effort.

En retournant à sa place je l'entendis murmurer des paroles qui provoquèrent les rires et qui, paraît-il, étaient celles-ci, comme je me le fis expliquer après la séance :

— Je crois maintenant à ce que j'ai lu dans la Bible quand il y est dit que Josué arrêta le soleil. Ce sorcier blanc serait capable d'en faire autant !

Et je ne suis pas bien sûr qu'il demeura sans inquiétude à mon sujet et qu'il ne resta pas persuadé que je pouvais lui ôter ou lui rendre la vigueur à volonté.

Pendant qu'il retournait se mêler à ses camarades, je me fis apporter un cornet à piston que je donnai à examiner, selon la coutume, et que je suspendis ensuite au lustre placé au milieu de la salle du trône.

— Cet instrument va jouer tout seul, sans que per-sonne y touche, tel air qu'on voudra bien lui indiquer, disje, quand il aura toutefois fait entendre l'air national de France.

Je n'avais pas fini de prononcer ces paroles que le cornet à piston donnait les premières notes de la *Marseillaise*. Une partie de l'auditoire se leva pour l'écouter debout. Quand elle fut terminée, je rappelai ce que j'avais déjà dit et qu'on n'avait qu'à désigner un air quelconque pour que ce cornet, qui ne se contentait pas d'être un instrument de musique, mais qui était lui-même excellent musicien, l'entonnât aussitôt.

M. Pickersgill en profita alors pour faire une manifestation en l'honneur de l'Angleterre en demandant le *God save the queen*.

A peine cette demande eut-elle été formulée que le cornet à piston fit entendre, non l'air national anglais, mais bien un autre air français, national aussi et populaire :

> J'ai du bon tabac dans ma tabatière,
> J'ai du bon tabac, tu n'en auras pas !

L'instrument parut même se complaire dans les notes répondant à ce dernier membre de phrase : Tu n'en auras pas !... et les répéta à plusieurs reprises avec satisfaction.

M. Pickersgill était furieux, quoiqu'il s'efforçât de contenir sa colère ; une expression de gaieté courut sur les lèvres de la reine et des personnes de son parti, pendant que ses ennemis prenaient l'air pincé. Quant au Premier Ministre, il n'était pas fâché que, de temps

12

en temps, on donnât une chiquenaude aux méthodistes afin de rabattre un peu leur importance.

Cependant je m'excusai de mon mieux près du chef de la mission anglaise :

— Ce cornet à piston, dis-je, n'aura pas bien entendu l'ordre que vous lui avez donné; veuillez le lui répéter.

M. Pickersgill demeura bouche close, mais un de ceux qui l'accompagnaient réitéra sa demande.

Elle ne devait pas être mieux accueillie, car l'instrument se mit à jouer :

Malbrough s'en va-t-en guerre !..

— Vraiment, dis-je, détachant le cornet à piston de l'endroit où je l'avais placé, il faut qu'il y ait quelque chose de dérangé dans cet instrument pour qu'il réponde si mal aux ordres qui lui sont donnés. Veuillez donc l'examiner.

Et je le tendis au membre de la mission qui avait parlé en dernier.

Il le porta à ses lèvres, sans doute pour entonner le *God save the queen* qui ne voulait pas sortir tout seul ; mais aussitôt une bouffée de farine s'échappant de l'instrument, enveloppa le musicien improvisé d'un nuage blanchâtre.

Un éclat de rire partit de tous les côtés de la salle, pendant qu'une expression de dépit, de plus en plus marquée, se lisait sur les traits de M. Pickersgill.

XXXVIII

Pour ne pas fatiguer le lecteur, je passe une série d'exercices et d'expériences dont la description serait trop longue : — des œufs battus pour faire une omelette et convertis en fleurs, que, naturellement, je distribue aux dames ; — un buste et une mappemonde mis chacun sur des socles séparés, aux deux bouts de la salle, et qui changent de place ; — la couronne royale qui, du coussin où elle reposait, vient se placer d'elle-même sur la tête de la reine, ce qui porte à son comble l'enthousiasme des assistants ; — une bombe éclatant et lançant de tous côtés, au lieu de fragments de mitraille, des fleurs et des oiseaux, — et j'arrive à une série de tours de cartes.

A ce sujet je dirai que les cartes, les muscades, les pièces de monnaie constituent les éléments de la véritable prestidigitation ; ce qu'on peut appeler

« l'art ». Les grands « trucs » plus ou moins saisissants, qui, au contraire, confondent l'imagination, n'ont rien qui doive particulièrement exciter l'admiration ou même l'étonnement. Leur principal mérite est dans l'invention et dans la construction des appareils, mais non dans l'habileté de celui qui s'en sert, et il n'est besoin pour cela que d'une certaine adresse.

Il en est tout différemment quand il s'agit d'escamoter une muscade, de faire voyager une carte ou d'envoyer une pièce de monnaie d'un endroit dans un autre ; il faut alors déployer une souplesse et une agilité des doigts qu'on n'obtient que par une longue pratique, et il faut faire, pour l'acquérir, des exercices analogues à ceux qu'un musicien fait sur son violon ou sur son piano.

On se doute bien que je me gardai de donner ces explications à mes spectateurs ; j'avais trop intérêt à ce qu'ils continuassent à me considérer comme un homme d'une habileté tout à fait supérieure, voire comme un magicien, pour leur faire une confidence qui pouvait me déconsidérer à leurs yeux.

C'étaient de grands enfants et je les traitais en enfants ; mais avec la reine et avec le Premier Ministre, beaucoup plus intelligents, je savais réussir aussi bien ou mieux encore par les tours qui demandaient péu d'appareil.

Un jeu de cartes neuf fut donc décacheté par une des personnes présentes. Quatre autres personnes, ainsi que la reine et le Premier Ministre, devaient

penser une carte et en même temps un chiffre ne
dépassant pas trente-deux, nombre des cartes conte-
nues dans le jeu. Quand chacun se fut assuré que
sa carte était bien dans le paquet, elles furent mêlées,
sans que j'y touchasse du bout du doigt, cela va sans
dire. Puis l'un des joueurs retourna les cartes une à
une en disant : Une, deux, trois, etc. Chaque carte
apparut en même temps que le nombre qui avait été
pensé : le sept de carreau, pensé par le Premier
Ministre, au nombre seize, pensé également par lui ; le
valet de trèfle, pensé par la sœur de la reine, au nombre
dix, pensé également par elle, et ainsi de suite.

Seule, la carte de la reine n'avait pas paru, et l'on
devine bien que ce n'était pas sans dessein.

Elle avait poussé une exclamation de désappointement.

— Qu'à cela ne tienne ! dis-je.

Je la priai de reprendre le jeu, de mêler de nouveau les cartes et d'en penser une sans me la nommer.
Puis de prendre les cartes une à une, tantôt dessus,
tantôt dessous, tantôt au milieu du jeu, à son choix, et
de les poser à mesure sur ses genoux.

— Voici, ajoutai-je, une sonnette que je confie aux
mains de Son Altesse le Premier Ministre, en le priant,
quand il lui plaira, de vouloir bien l'agiter. Au moment
précis où il la fera tinter, Sa Majesté retournera la
carte qu'elle aura pensée.

Mes indications ayant été suivies, l'expérience
réussit à souhait, et comme elle rentrait dans le do-

maine des exercices de suggestion, je continuai par d'autres exercices du même genre. Ainsi je priai la reine d'écrire un mot en malgache sur une feuille de papier qu'elle ne quitterait pas, ce qu'elle fit aussitôt. Une cloche de cristal, munie d'un petit tympan, fut suspendue au lustre.

— Elle désignera les lettres du mot que vous avez écrit, dis-je à la reine, en frappant autant de coups qu'il sera nécessaire pour indiquer le rang que chacune d'elles occupe dans l'alphabet.

J'étendis ma baguette dans la direction de la cloche; le petit timbre se souleva et fit entendre un son cristallin qui fut répété un grand nombre de fois et compté à mesure par les assistants.

Ce n'est qu'au dix-neuvième coup qu'il cessa de se faire entendre.

Il désignait ainsi la lettre S.

Un seul coup suffit à dire le nom de la seconde lettre : c'était donc un A.

Il en fallut treize pour faire le nom de la suivante qui était un M; puis deux autres désignèrent un B, et enfin un seul terminait le mot : *Samba*, c'est-à-dire *bonheur*.

Ce qui étonnait la reine dans cette expérience, ce n'était pas que le timbre sonnât à propos les lettres d'un mot que je connaissais, mais c'était que j'eusse deviné le mot qu'elle avait dans la pensée; elle ne pouvait comprendre que ma volonté, sans qu'elle s'en doutât, eût agi sur la sienne, et lui eût ordonné de

tracer le mot que je voulais. Ni elle ni personne de
son entourage n'avait les moindres notions des
sciences connues sous le nom de suggestion ou d'hypnotisme, et qui produisent des phénomènes si inexpli-
cables pour les ignorants.

D'ailleurs, sans avoir recours à ma science divina-
toire, peut-être n'aurait-il pas été malaisé de découvrir
le rêve qu'une femme, jeune et belle comme la reine,
pouvait avoir dans l'esprit ; rêve qu'elle savait bien ne
pouvoir jamais se réaliser à côté d'un vieux mari
qu'elle n'avait pas choisi, qui lui avait été imposé, et
qu'elle ne pouvait aimer. Le « bonheur » était un oiseau
bleu qui fuirait toujours devant elle, qu'elle ne devait
jamais réussir à captiver, mais auquel elle pensait toujours.

Je ne sais si c'est en cédant à quelque pensée de
ce genre ou si c'est parce que l'expérience lui avait
paru particulièrement intéressante ; mais le Premier
Ministre ramassa le papier sur lequel la reine avait
écrit, le plia et l'enferma soigneusement dans sa tabatière. Quelque temps après, un jour, en entrant dans
ses appartements particuliers, je fus tout surpris de
voir que ce papier avait été encadré.

Je passai ensuite aux exercices de mnémotechnie où
l'histoire, l'astronomie, les mathématiques et d'autres
sciences encore furent mises en jeu ; mais peut-être
ces exercices ne furent-ils pas autant appréciés de
mes spectateurs, qui n'étaient pas assez savants eux-
mêmes pour se rendre compte de leur importance ou

pour contrôler la vérité de ce que j'avançais, que l'avaient été les expériences faites avec des « trucs », machinés pour frapper les yeux et produire des illusions qui déroutent les sens. J'étonnai et j'intéressai quelques-uns d'entre eux néanmoins, en leur citant les époques exactes, par année, jour, heure et minute, des éclipses de lune ou de soleil les plus anciennement observées, ou de celles qui devaient se produire dans des milliers et des milliers d'années, ainsi que par quelques autres exercices du même genre. Je leur disais, par exemple, et celà immédiatement, quel jour de la semaine était arrivé tel évènement dont ils connaissaient la date, comme la mort de Radama Ier, survenue le 27 juillet 1828, et qui, par conséquent, était un dimanche, — ou le couronnement de Radama II qui eut lieu le 23 septembre 1862, c'est-à-dire un mardi, — ou le couronnement de la reine Ranavalona II, 3 septembre 1868, c'est-à-dire un jeudi. — J'y ajoutai, pour chacun de ces jours, le quantième de la lune, l'heure de son lever, de son coucher ; celles du lever et du coucher du soleil à cette même date, enfin un Horoscope astrologique complet.

Ce n'est plus là de la suggestion ni de l'hypnotisme, c'est du calcul, ou bien c'est de la mnémotechnie, science instituée, comme chacun sait, pour venir en aide à la mémoire. Avec l'âge, cette faculté s'affaiblit ; on perd le souvenir des choses qu'on aurait le plus d'intérêt ou d'agrément à retenir ; les connaissances qu'on a mis des années et des années à amasser.

Grâce à la mnémotechnie, qui est fondée sur le rai-
sonnement, et qui a ses règles comme tout espèce de
science, on retrouve, au moment précis ou cela vous
est utile, le souvenir d'un fait, d'une date, d'un ren-
renseignement qui, sans ce secours, demeurerait aussi
étranger pour vous que si vous ne l'aviez jamais su.

La reine et le Premier Ministre goûtérent fort cette
partie de la séance que, à cause de cela, je prolongeai
peut-être un peu trop au gré des autres assistants.

J'avoue que j'ai une prédilection pour ces exercices :
car ils ont contribué, plus encore peut-être que mes
expériences de prestidigitation, à me faire obtenir la
grande réputation que l'on veut bien m'accorder. Les
connaissances que mes études m'ont fait acquérir,
en astronomie et dans la science des nombres,
auxquelles j'étais déjà porté par un goût naturel,
m'ont valu le titre de Conférencier en Sorbonne et
m'ont fait admettre dans la Société Astronomique de
France. Si je parle de ces distinctions, ce n'est pas
pour me faire valoir, mais pour expliquer qu'il n'y
avait, dans les problèmes que je résolvais là aucune supercherie, et que ce que je donnais pour de la science,
en était bien véritablement.

XXXIX

Un des spectacles qui amusèrent le plus la reine et ses invités, c'est ce qu'on appelle souvent la *Magie noire* et que je me contente de désigner sous le nom du « Cabinet de Merlin l'Enchanteur ».

J'avais fait établir, pour exécuter ces exercices, un petit théâtre qui se montait et se démontait facilement, et dont l'encadrement extérieur, tout doré et pailleté, était illuminé de la manière la plus brillante, à l'aide de candélabres chargés de bougies, de fleurs lumineuses et de lampes renvoyant leur éclat dans la salle à l'aide de réflecteurs. La salle elle-même où avait lieu la représentation, était fortement éclairée, tandis que l'intérieur du théâtre demeurait sombre. Un espace de cinquante ou soixante centimètres avait été laissé vide entre le théâtre et le plancher, afin qu'on vît bien qu'il n'y avait pas de trappe par laquelle les objets pussent s'enfoncer.

C'est sur ce théâtre que je me faisais fort d'escamoter tout ce qu'on voudrait; moi-même si cela faisait
plaisir aux spectateurs.

J'avais endossé, pour la circonstance, un vêtement
blanc, avec une coiffure assortie. Un vase en porcelaine
blanche, rempli de fleurs éclatantes, des orchidées
les plus rares, était posé sur une petite table dorée,
au milieu du théâtre. Comme je m'approchais pour
en respirer le parfum, le vase disparut tout à coup.
Un ah! de surprise courut parmi les assistants,
tandis que je prenais un air très déconfit. Je sortis
alors et je revins au bout d'un instant, portant
un lemur ou maki, l'un de ces jolis animaux, com-
muns à Madagascar, qui appartiennent à l'espèce du
singe et dont j'avais déjà remarqué plusieurs spécimens sur mon chemin en venant de Tamatave. Sa tête
fine s'entoure d'une barbe blanche et soyeuse; un
large plastron, blanc aussi, lui couvre la poitrine,
tandis que sa queue, longue et touffue, zébrée circulai-
rement de blanc et de noir, s'enroule autour de son
corps. A peine l'avais-je déposé au milieu du théâtre
qu'il disparaissait à son tour sans avoir fait le moindre
mouvement. Il semblait qu'il se fût évanoui.

Je sortis de nouveau et j'apportai un paon, un paon
blanc, à l'air fier, à la queue étalée en robe de mariée,
à la tête surmontée d'une fine aigrette. Je le plaçai à
l'endroit où, quelques instants auparavant, j'avais
déposé le lémur. Il disparut aussi vite que lui, devant
les spectateurs qui se frottaient les yeux en se deman-

dant comment pouvait se produire un anéantissement
si soudain.

Je proposai alors d'escamoter ainsi le cheval du
Premier Ministre, un joli cheval noir que celui-ci
montait quelquefois dans les circonstances extraordinaires, et je dois dire, en passant, que Rainilaïarivony
est très bon cavalier, ce qui m'a fort surpris : car les
chevaux sont très rares à Madagascar, ainsi que je l'ai
déjà fait remarquer.

— Cependant, dis-je, de peur que le cheval de M. le
Premier Ministre ne vienne à disparaître pour de bon,
— on ne sait pas ce qui peut arriver, — j'escamoterai
plutôt un petit veau, couleur de café au lait, que je viens
de voir, flânant tout à l'heure dans les dépendances
du palais. M. Pappasogly va aller le chercher.

Quelques instants après le petit veau— qui n'était pas
loin, comme vous pouvez croire — faisait son entrée
sur la scène, où son ahurissement me répondait de son
immobilité. Une minute après, il n'y avait plus de
petit veau. Le malheureux était allé rejoindre le lemur
et le paon.

Maintenant est-il nécessaire que je vous explique
comment on arrive à ce résultat? Oui, afin que, à votre
tour, vous puissiez pratiquer l'escamotage de tout ce
qui vous sera désagréable, de vos créanciers par
exemple.

Je vous ai dit que l'extérieur du petit théâtre était
fortement éclairé, éclairé au point de produire
l'éblouissement; mais l'intérieur au contraire était

13

complètement sombre. Pour obtenir cet effet, on revêt
tout cet intérieur de velours noir, si bien que des personnages, habillés eux aussi de noir de la tête aux
pieds, avec deux petits trous seulement pour les yeux,
sont absolument invisibles sur ce fond obscur, et peuvent se mouvoir sans que leur présence se révèle aux
yeux des spectateurs. C'est ainsi qu'étaient vêtus mon
secrétaire et mon petit domestique. Ils étaient de plus
munis d'écrans ou de paravents, noirs aussi, qu'ils
étendaient ou déployaient instantanément, devant l'objet
à faire disparaître, et qui ainsi devenait tout à coup
invisible. Vous avez pu remarquer que ces objets —
des animaux dans le cas présent — étaient blancs, en
tout ou en partie, comme le paon et le maki, ou de nuance
claire, comme le veau ; moi-même, j'étais vêtu de blanc :
c'est ce qui fait que, eux et moi, nous étions visibles
sur ce repoussoir de ténèbres ; notre disparition devait
être frappante. Si, au contraire, j'avais amené sur le
théâtre le cheval noir du Premier Ministre, il serait
demeuré invisible ou à peu près, et l'effet de disparition soudaine eût été complètement manqué. Aussi, tout
en proposant de le prendre pour objet de mon expérience, je n'avais pas la moindre envie qu'on
l'acceptât.

Vous en savez maintenant autant que moi sur la
« Magie noire ».

XL

Ces distractions beaucoup plus que les médicaments
que je lui avais prescrits, continuaient à avoir un effet
salutaire sur la santé de Sa Majesté, et elle méritait
plus que jamais que ses sujets la saluassent du nom de
« notre belle Reine ! »

Je ne m'enorgueillissais pas outre mesure de ce
résultat favorable : car, ainsi que je l'ai dit, Ranavalo
n'était pas positivement malade, et il n'était pas besoin
de beaucoup de science pour faire disparaître les malaises dont elle se plaignait.

Lorsqu'on eut appris dans Tananarive que j'étais le
médecin en titre de la reine et du Premier Ministre,
chacun s'empressa de m'envoyer chercher. Toutes les
dames de la cour eurent des « vapeurs », comme les
jolies femmes du siècle dernier. Il me fallut, à elles

aussi, donner des consultations. La tâche n'avait rien
d'attrayant : car, pour la plupart, elles n'étaient ni
belles ni jeunes.

Quelques-unes étaient réellement malades ; auprès
de celles-là, je fis mon métier en conscience ; quant
aux autres, toute fatuité à part, je crois vraiment
qu'elles voulaient voir comment un médecin français
se comportait dans l'intimité.

Le Ministre des Affaires étrangères poussa même la
confiance envers moi jusqu'à me consulter au sujet de
ses chiens — c'était ce qu'il avait de plus cher. — Ce
personnage — devenu depuis lors victime de la
haine du Premier Ministre qui l'a exilé et a confisqué
tous ses biens — était l'homme le plus laid que j'eusse
jamais vu. Imaginez une figure de caoutchouc dont on
se serait amusé à tordre tous les traits. Il avait de
plus un tic qui le faisait clignoter sans interruption.
Quant à l'intelligence, je ne pourrais pas en dire grand'-
chose ; personne ne l'a jamais vu à l'œuvre et il n'a, en
réalité, aucune part au gouvernement. Son titre de
Ministre des Affaires étrangères est purement hono-
rifique, comme d'ailleurs ceux de tous les ministres de
Madagascar. Il n'y en a qu'un seul qui peut tout, qui
dirige tout, qui fait tout : c'est le mari de la reine, le
Premier Ministre Rainilaïarivony.

Au sujet des chiens pour lesquels j'étais appelé en
consultation, je conseillai à leur maître de les tenir un
peu moins à l'attache ; puis je fis gravement une ordonnance, leur prescrivant une petite purge. Le ministre

fut tellement charmé de ma science médicale qu'il me
fit présent d'un joli coquillage qui « faisait du bruit
quand on l'approchait de l'oreille ». Ne voulant pas
être en reste d'une pareille générosité, je m'empressai
de lui prouver ma reconnaissance en lui offrant gratuitement un tour de mon métier. Il avait posé sa tabatière à côté de lui ; tout en parlant je trouvai moyen
de la vider, de la remplir, de la vider et de la remplir
de nouveau avec du poivre de Cayenne, sans que le
brave homme y vît autre chose que du feu. Il fut on ne
peut plus flatté que j'eusse bien voulu exercer mon art
à son seul profit et il me proclama l'homme le plus
habile de la terre.

XLI

M. Le Myre de Vilers avait désiré que je donnasse
une représentation publique — et gratuite, cela va sans
dire — aux habitants de Tananarive. Le local choisi
était l'établissement des Frères des Écoles Chrétiennes,
qui contenait une pièce assez vaste. Les braves Frères
s'étaient multipliés, afin de donner le plus de solennité
possible à cette petite fête dont on parlait beaucoup en
ville. Ils étaient heureux du relief qu'elle allait donner
au parti français, sans compter, ce dont je ne saurais
leur savoir mauvais gré, le plaisir qu'ils s'en promet-
taient pour eux-mêmes.

Mais ils avaient compté sans nos bons amis les
Anglais. En dépit de leurs efforts, et quoiqu'ils
n'eussent fait, depuis ma première séance chez la reine,
que s'exercer à la prestidigitation et aux tours de passe-

passe, ceux-ci n'étaient pas parvenus à me supplanter à la cour, ce dont ils éprouvaient une profonde mortification et une sourde colère. L'occasion se présentait de manifester leurs sentiments évangéliques, ils s'empressèrent de la saisir.

La salle était comble, la représentation commençait à peine lorsque, tout à coup, nous entendons des clameurs au dehors ; les abords de l'école sont envahis, les fenêtres sont brisées par une foule en désordre qui fait invasion dans la salle, et produit un tel vacarme qu'il n'y a plus moyen de se faire entendre. Ce sont des gens soudoyés par nos adversaires méthodistes. On veut les chasser ; des coups s'échangent. Ce que j'ai de mieux à faire, c'est de m'interrompre ; cependant ce n'est pas sans avoir profité d'un moment d'accalmie pour prononcer un petit discours, destiné à faire ressortir la différence des procédés employés par nous et par nos adversaires. Pendant que les bons religieux qui habitent ce local ne prêchent à ceux qui viennent chercher leurs enseignements qu'un Dieu de paix et bonté, les méthodistes anglais ne songent qu'à déchaîner contre nous les haines et les mauvaises passions ; et en ce jour où les Frères ont ouvert leurs portes aux habitants de Tananarive pour leur procurer une distraction innocente, qui doit en même temps leur faire connaître quelques-unes des merveilles de la science, les autres s'empressent de venir troubler cette paisible réunion en ameutant tout ce que la population a de plus misérable et de plus abject.

Ces paroles, traduites par mon interprète et pronon-
cées au milieu du bruit des vitres qui volent en éclats
et d'un brouhaha indescriptible, furent accueillies
néanmoins par une salve d'applaudissements auxquels
se mêlèrent les cris et les trépignements. M. Le Myre
de Vilers ordonna alors d'évacuer la salle ; mais ce ne
fut qu'après que j'eus annoncé, par la bouche de mon
interprète, que la séance était remise à un autre jour.
Cet « autre jour » ne vint jamais : les fêtes qui se
succédèrent à peu de temps de là, à cause de l'anniversaire de la naissance de la reine, la firent ajourner,
et je ne trouvai plus le moment de la donner.

Nous eûmes beaucoup de difficulté à sortir de la
salle, et ce n'est qu'à grand'peine que l'escorte de
M. Le Myre de Vilers put lui frayer un passage jusqu'au palais de la Résidence, tant la foule était
compacte au dehors.

Cette foule était composée d'éléments divers : de
ceux que nos adversaires avaient ameutés contre nous
et qui continuaient à pousser les cris et les vociféra-
tions pour lesquels ils étaient payés, et de ceux qui,
déçus dans leur attente, témoignaient leur mécontentement d'une manière non moins bruyante, en invec-
tivant les interrupteurs et même en échangeant des
horions.

13.

XLII

Le vendredi est le jour du grand marché à Tananarive qui, de ce fait, est appelé *Zoma*, ce mot signifiant.
vendredi.

Les villageois des environs s'y rendent en foule et
de fort loin. J'y allais souvent pour jouir du spectacle
animé que la place présente ce jour-là.

On y vend des étoffes du pays : des *rabanes*, comme on
appelle les tissus fabriqués avec le fil du *raphia*, cette
sorte de palmier dont j'ai déjà parlé. Chaque pièce a
la dimension d'un grand rideau et vaut environ
0 fr. 50.

Les lambas en coton blanc, qui ont trois mètres de
long sur un mètre cinquante de large, valent cinq
francs ; mais on en fabrique aussi en soie, de couleurs
éclatantes, avec des dessins très riches et très variés,

qui valent jusqu'à quatre cents francs. On les emploie non seulement pour vêtement de cérémonie, mais aussi pour ensevelir les morts. Les gens riches enveloppent même les leurs dans trois ou quatre de ces lambas, car on rend de grands honneurs à ceux qui ne sont plus.

Les toiles de coton américaines sont très recherchées, à cause de leur bon marché ; mais elles sont d'un très mauvais usage.

La parfumerie allemande abonde sur le *zoma* ; seulement, pour la faire passer, les fabricants ont soin de lui mettre une étiquette française, ce qui n'a rien de flatteur pour nous : car elle est de qualité détestable.

Les Hovas tressent très joliment la paille et le jonc ; ils en font des nattes dont les plus grossières servent de tapis ou couvrent les murailles, tandis que les plus fines, qui sont extrêmement souples, sont employées comme serviettes ou comme draps de lit. Ils fabriquent aussi des corbeilles, de petites boîtes, des chapeaux qui pourraient rivaliser avec les panamas.

Ils travaillent encore très bien la corne qu'ils convertissent en menus ustensiles de ménage, verres, cuillers, petits vases de toutes sortes.

On trouve de plus, sur le *zoma*, des objets importés de Zanzibar : de la verroterie, des chaussures en peau d'hippopotame. J'y ai acheté une canne, faite d'un nerf provenant de l'un de ces animaux — qui, par parenthèse, devait être de grosseur phénoménale — et orné d'une pomme en argent qui n'est pas mal ciselée du tout.

Le marché aux victuailles est bien fourni. Les volailles sont cotées à des prix qui ne donneraient pas grand profit aux cuisinières qui prélèvent le « sou pour livre » : un poulet, 0 fr. 40 ou 0 fr. 50; une dinde, 0 fr. 75; une oie, 1 franc.

Un bœuf se vend dix francs en temps ordinaire; mais, à certaines époques et dans certaines circonstances, il atteint le prix de vingt francs. On a un porc ou un mouton pour moitié prix de ce que coûte un gigot chez nous, c'est-à-dire pour trois francs.

Je ne parle que pour mémoire des sauterelles, des chenilles et des vers à soie qui passent pour des denrées très recherchées, mais que les Européens goûtent peu.

Ce que je prisais le plus à ce marché, c'étaient les fruits : bananes, ananas, pastèques, melons, mangues, oranges, dattes et même fraises et framboises, s'y entassaient de la manière la plus séduisante et étaient exquis. On vendait là aussi du café, de la vanille, des cannes à sucre, de la cire, du miel, du tabac, qui est de qualité inférieure mais très bon marché; des essences, du sel, qui ne paie pas de mine, car il est de couleur noirâtre, et de plus des produits pharmaceutiques; entre autres certaine huile de ricin qu'une mère française aurait grand'peine à faire avaler à ses enfants. Les apothicaires hovas la tirent des superbes palma-christi qui croissent abondamment dans leur île; mais ils ne savent pas la préparer et il n'y a pas que les bébés qui la trouveraient répugnante.

XLIII

La triste situation de la reine m'intéressait de plus en
plus et mon ascendant sur elle croissait tous les jours.
Sans cesse elle m'envoyait chercher. Quand nous étions
seuls, elle me parlait avec un abandon qu'un autre
aurait pu interpréter d'une manière trop flatteuse,
mais dans lequel je me plaisais à ne voir que la marque
d'une affection qui n'avait rien de répréhensible. Je
comprenais si bien que cette pauvre femme, entourée
d'une famille hostile, mariée à un homme pour lequel
elle ne pouvait éprouver le moindre amour, ouvrît son
cœur à celui qui avait su lui inspirer confiance, en cherchant à la mettre en garde contre les dangers de
toutes sortes qui la menaçaient! Je craignais toujours
qu'elle ne devînt la proie des intrigues que tramaient
autour d'elle les méthodistes anglais qui, on le sait,

quand l'intérêt de leur pays est en jeu, ne reculent
devant aucun procédé, quelque criminel qu'il soit. Ils
l'avaient bien prouvé au temps de Radama II, et ils
s'étaient rendus tellement odieux que, dit Mme Pfeiffer,
« on avait pris l'habitude d'appeler anglais tout ce
qui était faux et mensonger ». La pauvre reine,
dont le titre n'était que de parade, servait d'écran
aux louches menées de son mari, qui, après avoir
hésité longtemps entre les deux partis français et
anglais, s'était décidé pour le dernier. Il avait résolu
d'abandonner la souveraineté de l'île à nos rivaux,
moyennant une grosse pension. Déjà même ceux-ci,
massaient leurs forces près de Zanzibar, afin d'être à
même de le soutenir dans le coup d'État qu'il méditait.
Rainilaïarivony avait en outre envoyé à Londres
l'Anglais Wilhoughby, général instructeur de son
armée, afin de hâter la conclusion du traité projeté. Il
importe pourtant de dire que le choix du plénipotentiaire n'était pas de nature à faire réussir les négociations : car ce Wilhoughby n'était autre qu'un cheva-
lier d'industrie, qui, par sa mauvaise conduite, s'était
fait chasser de l'armée anglaise, et peut-être en effet
est-ce la cause pour laquelle ces négociations échouè-
rent.

On devine les perplexités de la pauvre reine, obligée de vivre au milieu de ces sourdes menées ; voyant
sans cesse dans ses rêves le tanghin, la corde ou la
sagaie la menacer. Cependant elle restait toujours
calme et souriante, et personne, en la voyant présider

une fête ou une cérémonie, n'aurait pu deviner les inquiétudes qui agitaient son cœur.

Elle m'interrogeait souvent sur la vie que menaient les femmes en France ; si on les tenait cloîtrées comme elle ; si leur mari leur montrait de la confiance, s'il les aimait. Aimer, être aimée ; avoir un enfant à chérir : c'est un bonheur qu'elle ne devait jamais connaître !

Elle revenait sans cesse sur ce sujet ; c'était un de ses grands chagrins en effet.

— Oh ! si j'étais mère, me disait-elle quelquefois, je ne me sentirais pas si seule au monde ! tandis que je suis condamnée à ne connaître ni l'amour d'un mari, ni l'amour d'un fils ! Ne vois-tu aucun remède à ma peine ?

Hélas ! non, je n'en voyais pas. J'avais déjà entendu dire d'ailleurs que Ranavalo ne devait pas avoir d'enfant, car, son mari n'étant pas de race noble, ses enfants ne pourraient régner ; par conséquent, si elle en avait, on les étoufferait dès leur naissance, de peur que leur existence n'amenât des complications politiques. J'ai entendu dire aussi, depuis, qu'elle en avait eu en effet, mais qu'on les avait fait disparaître. On comprend que cette perspective, si la reine en avait connaissance, n'était pas de nature à lui faire voir l'avenir sous des couleurs riantes.

Aussi, heureuse d'avoir près d'elle quelqu'un qui comprenait ses inquiétudes et qui y compatissait, elle m'envoyait chercher sans cesse, me consultant sur les plus petites choses. C'est ainsi que je recevais presque chaque jour des billets dans le genre de ceux-ci, signés Marc Rabibisoa.

II Vtra.,

Dekan' Ny Primé Minister

Sy

Commander. — In — Chief

Mon cher Monsieur Cazeneuve,

Voulez-vous venir maintenant? Sa Majesté est prête à vous recevoir : je vous attends à la porte du palais.

Sincèrement à vous.

Marc Rabibisoa

Ambohitsoa

Antananarive

Mon cher Monsieur Cazeneuve,

On m'appelle au Palais, c'est peut-être pour vous ; il serait bon que vous vous teniez prêt et attendiez un mot vous disant de venir.

Marc Rabibisoa

Une autre fois, c'était un échantillon de cresson — je lui avais conseillé d'en faire usage — que la reine m'envoyait afin que je l'examinasse.

Privée et Confidentielle

Mon cher Monsieur Cazeneuve,

Sa Majesté me charge de vous faire parvenir un petit

échantillon de cresson. Est-ce bien cela qu'il faut ? Un mot,
s'il vous plaît.

Bien à vous.

Marc RABIBISOA

Une autre fois encore la reine s'inquiétait de savoir
si elle pouvait continuer à se servir des parfums,
qu'elle aimait beaucoup ; elle me consultait au sujet
d'une eau de roses dont je lui avais enseigné la composition.

PRIVÉE ET CONFIDENTIELLE

Mon cher Monsieur Cazeneuve,

Son Excellence désirerait être renseignée sur la quantité
de roses et de vin à infuser, et quel vin ? faut-il en faire
infuser beaucoup à la fois, ou en faire seulement pour la
journée tous les jours ?

Sincèrement à vous.

Marc RABIBISOA

PRIVÉE ET CONFIDENTIELLE

Mon cher Monsieur Cazeneuve,

Son Excellence me charge de vous demander si Sa Majesté peut sentir de la parfumerie avec le mouchoir, parce
qu'elle en avait l'habitude jusqu'à présent. J'estime que vous
avez reçu l'échantillon de cresson que Son Excellence m'a
ordonné de vous envoyer hier soir.

Sincèrement à vous.

Marc RABIBISOA

Ou bien sachant que j'aimais beaucoup les légumes et que j'en étais presque totalement privé, la reine m'en envoyait de son jardin.

Mon cher Monsieur Cazeneuve,

Son Excellence me charge de vous faire parvenir les légumes du jardin royal.

Je vous ferai parvenir plus tard les réponses à la conversation d'hier.

Votre bien dévoué ami,

Marc Rabibisoa

XLIV

J'étais appelé de temps en temps au palais, tantôt
pour des séances devant la cour, tantôt pour des
séances intimes. C'étaient celles-ci qui amusaient le
plus la reine. Elle ne pouvait en revenir quand, ayant
fait cacher une épingle ou tout autre objet de ce genre
dans l'appartement, je le découvrais immédiatement ;
quand, huit ou dix aiguilles ayant été placées sur ma
langue, avec un bout de fil, je les en retirais toutes
enfilées ; quand ayant semé des graines dans un vase
rempli de terre, et les ayant arrosées avec une eau de
ma composition, on voyait presque aussitôt les plantes
germer, les tiges s'allonger et les fleurs s'épanouir. Le
Premier Ministre, de son côté, avait beau examiner les
anneaux d'acier que je lui présentais, il n'y voyait pas
la moindre ouverture, et il ne parvenait pas à deviner

comment je les faisais entrer les uns dans les autres si
facilement ; pas plus que comment il se faisait que, une
feuille de papier à cigarettes ayant été mise en morceaux, elle se retrouvait entière ; il était bien sûr cependant que c'était la même, car il en avait gardé un
fragment.

Un soir que l'on m'attendait au palais, je m'étais
trouvé en retard par suite de préparatifs que j'avais
eu à faire, le Premier Ministre, fort poliment d'ailleurs, me le fit remarquer.

— En retard, Excellence, croyez-vous ? lui dis-je.
N'était-ce pas à neuf heures que Sa Majesté m'attendait ?

— En effet.

— Eh bien, regardez, Excellence.

Et je lui fis voir la pendule, posée sur la console,
qui marquait juste neuf heures, pendant que au dehors,
la grande horloge du palais sonnait neuf coups.

Le Premier Ministre avait tiré son chronomètre et
constatant avec étonnement une différence d'une demi-
heure :

— Voici la première fois qu'il se dérange, dit-il.

Il avait l'air très contrarié.

— Si vous voulez bien me le confier, dis-je, je
suis un peu mécanicien, je me fais fort de le remettre
en état.

On devine qu'il n'y eut rien à faire au chronomètre
qui marchait fort exactement. Les pendules seules du
palais étaient fautives.... de par ma volonté.

Un des amusements qui fut le plus goûté de la reine
fut celui qui eut pour objet son parasol.

Ce fameux parasol rouge à boule d'or, vu ses dimensions, était d'un maniement assez difficile ; un officier
de grande taille et de forte carrure était chargé de
l'ouvrir et de le fermer. Un jour, comme j'arrivais au
palais, je trouvai le pauvre garçon fort empêché ; il
avait beau tirer, pousser, le ressort ne jouait pas. La
reine, qui devait se placer à son balcon pour je ne sais
quelle cérémonie, attendait dans le grand salon. On
vint l'avertir de ce qui se passait ; le parasol rouge ne
voulait pas s'ouvrir.

— Voulez-vous me permettre d'essayer ? dis-je à
Sa Majesté.

Sur un signe affirmatif de sa part, on m'apporta le
parasol rebelle. A peine y eus-je touché qu'il se
déploya comme par enchantement, et, chose étrange,
des baguettes qui le soutenaient à l'intérieur on vit
pendre, comme des branches d'un arbre de Noël, une
multitude d'objets : des fleurs, des rubans, des bon-
bons, des colliers de perles et même de petits flacons
d'odeur, dont M. Le Myre de Vilers qui se prêtait toujours avec une bonne grâce infinie à ce que je pouvais
imaginer pour plaire à la reine et pour la bien disposer en faveur de la France, aurait pu expliquer la
provenance, car c'est lui qui me les avait fournis.

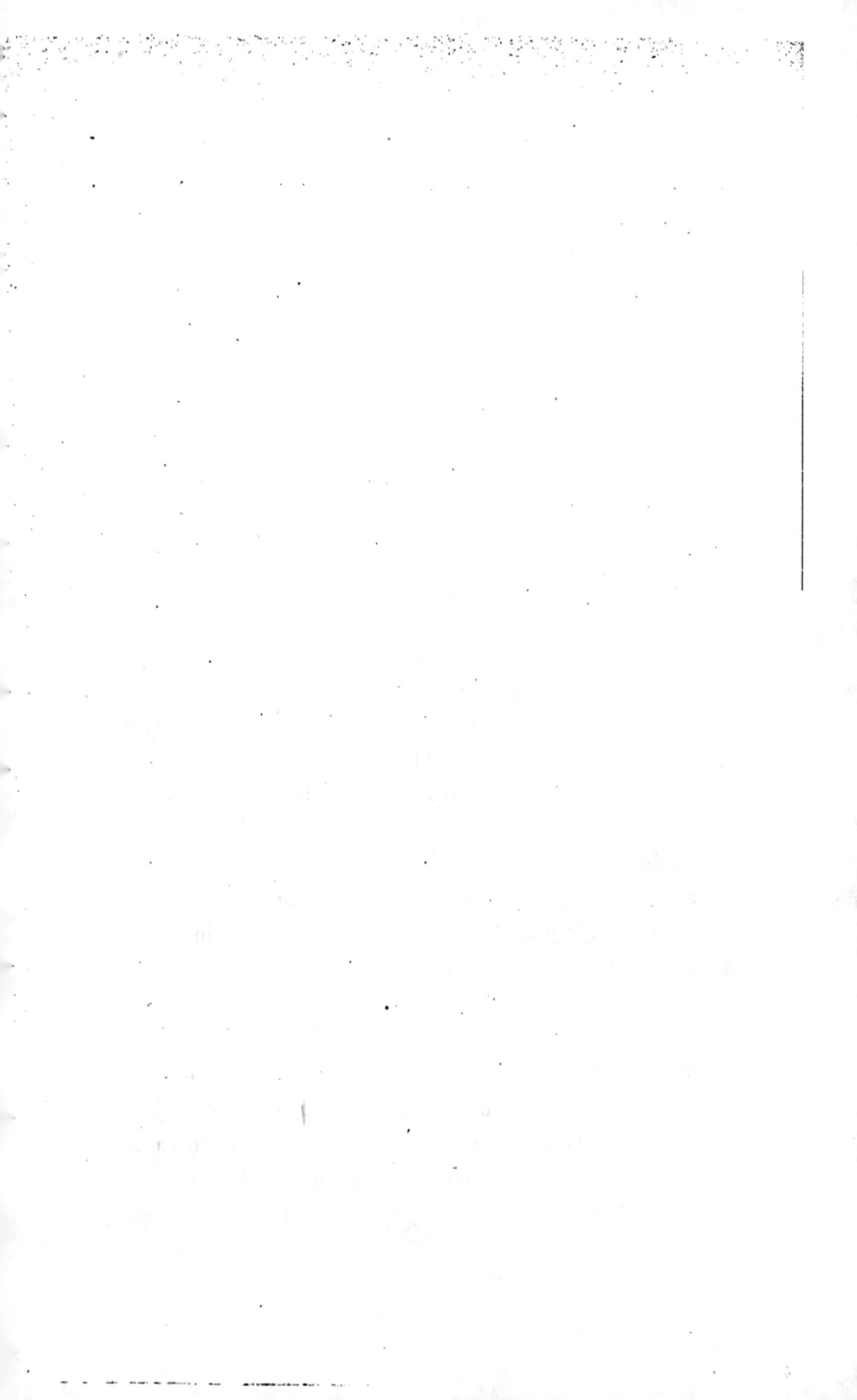

XLV

C'est surtout quand je voyais la reine plongée dans ses humeurs sombres que j'avais recours à ma science pour la distraire. Souvent montés sur la terrasse du château, dans cette nuit lumineuse des tropiques, aussi claire que certains de nos jours, je lui nommais quelques-unes des constellations qui étincelaient au-dessus de nos têtes et qui sont inconnues à notre ciel du nord. La reine paraissait s'intéresser vivement à ce que je lui disais et m'écoutait avec la plus constante attention.

Elle avait entendu parler du feu que j'avais fait jaillir de la terre ; elle aurait voulu que j'exécutasse la même expérience devant elle. Je lui en proposai une autre du même genre, en lui faisant voir un arc-en-ciel en pleine nuit. Je réalisai mon offre le lendemain.

14

Toujours afin de ménager la susceptibilité du Premier Ministre, j'engageai la reine à l'inviter à ce spectacle, qui devait avoir pour théâtre la vérandah du palais.

Le lendemain, en effet, à neuf heures du soir, la reine, le Premier Ministre et leurs invités purent admirer un magnifique arc-en-ciel qui se déployait d'une extrémité à l'autre de l'horizon, pendant qu'une pluie d'étoiles filantes semblait tomber du firmament. Des prismes, des lampes à réflecteurs, du magnésium avaient fait tous les frais de cette expérience de *catadioptrique*, partie de la physique concernant les effets combinés de la réflexion et de la réfraction de la lumière.

Il fallut que j'expliquasse à la reine et au Premier Ministre les moyens que j'avais employés pour arriver à ce résultat. Je m'y prêtai de bonne grâce, ainsi que je le faisais dans des occasions semblables : car si j'étais bien aise, vis-à-vis du vulgaire, de conserver une certaine apparence de surnaturel, je tenais surtout, vis-à-vis de la reine et de son mari, à me montrer homme de savoir, afin de leur inspirer plus de confiance. J'entrais au palais comme médecin, j'y parlais comme diplomate, j'y devenais astronome, et j'en sortais professeur de prestidigitation.

Car je donnai en effet à la reine quelques leçons très élémentaires de mon art. Ainsi je lui expliquais comment on faisait passer une carte d'un lieu dans un autre, ou comment on faisait disparaître et apparaître

les muscades. Elle voulut elle-même s'y essayer. Elle
y réussit..... tant bien que mal, et cela l'amusait
beaucoup. Le Premier Ministre s'y essayait également, mais avec moins de succès encore.

Je me permis même à ce sujet une petite satisfaction ou, si l'on aime mieux, une petite mystifica-
tion.

Comme on se le rappelle, il avait été décidé, dans la
réunion tenue à la « Missionnary Society » après la
première séance donnée au palais, qu'on enverrait des
prestidigitateurs anglais à la reine, pour combattre l'influence qu'on craignait que je n'exerçasse sur son
esprit. J'avais été mis au courant, non seulement de
cette résolution, mais même des tours par lesquels, eux
aussi, ils comptaient éblouir la reine. Je m'empressai
alors de faire ces mêmes tours devant Sa Majesté,
dévoilant leurs trucs, qui du reste étaient absolument
enfantins, lui montrant comment on procédait, lui
faisant essayer ces exercices à elle-même, si bien que,
quand ils se présentèrent au palais, la reine put leur
faire dire : — Je connais vos tours : je sais très bien
les faire moi-même et je pourrais, au besoin, les exécuter devant vous.

Ils se retirèrent fort penauds sans doute, et depuis
ils renoncèrent à étudier un art qui leur avait si peu
réussi.

J'avais déjà fait bien des expériences de suggestion
devant le Premier Ministre : je l'avais forcé, par

exemple, à choisir dans un jeu les cartes que j'en
avais retirées d'avance, ou à désigner à quelle place on
trouverait tel objet, comme il l'avait fait dans la première séance donnée au palais pour le mouchoir de la
reine, qui était allé s'enfermer d'abord dans un canon
de fusil, puis dans un œuf. Cependant il ne pouvait se
résoudre à croire que j'eusse le pouvoir que je m'attri-
buais, en certains cas, de lui imposer ma volonté.

— Votre Excellence veut-elle tenter encore une
expérience? dis-je un jour.

Il y consentit.

Nous étions alors dans une des dépendances du
palais où s'élevaient quelques arbres et que gardaient
plusieurs sentinelles.

— Veuillez, dis-je à Rainilaïarivony, ordonner à cet
homme, et je désignai l'un des soldats présents, de
monter sur cet arbre.

Le ministre dit quelques mots en malgache à la sentinelle qui, sans manifester la moindre surprise d'une
si bizarre fantaisie — un Hova ne se permet pas de
juger son supérieur — posa son fusil contre une
barrière et marcha vers l'arbre.

Quand il fut arrivé au pied et comme déjà il s'apprê-
tait à saisir le tronc, je fis un signe.

Aussitôt l'homme demeura immobile.

Le Premier Ministre lui dit à son tour quelques
mots que j'interprétai ainsi :

— Allons donc ! pourquoi t'arrêtes-tu ?

Mais l'homme ne fit pas un mouvement.

Rainilaïarivony me regarda surpris.

— Je lui ai défendu de monter, dis-je tranquillement, répondant à son interrogation muette, et il ne montera pas.

— C'est ce que nous allons voir ! répliqua le Premier Ministre, et il reprit avec une intonation de menace.

— Si tu ne montes pas, je te fais fusiller !

— Il ne montera pas, repris-je avec le même flegme ; il ne montera que quand je le lui permettrai.

Et en effet l'homme ne bougeait pas ; sa figure exprimait l'angoisse ; on voyait qu'il aurait voulu obéir à l'ordre qui lui était donné, mais que cela lui était impossible.

Quand je pensai que le Premier Ministre devait être convaincu de ma puissance occulte, je fis un autre signe.

Aussitôt l'homme embrassa le tronc de l'arbre de ses deux mains et se mit à grimper avec une agilité telle que, en quelques secondes, il atteignit le sommet de l'arbre.

— Maintenant, dis-je à Rainilaïarivony, que Ton Excellence lui ordonne de descendre.

Mais pas plus qu'il n'avait obéi au premier ordre, le soldat n'obéissait au second. Il demeurait posé sur sa branche, comme un oiseau, sans donner la moindre marque qu'il se décidât à quitter son perchoir.

C'est seulement quand je lui en eus accordé la permission qu'il put regagner la terre ferme, bien inquiet

14.

au sujet de la manière dont il serait reçu par le Premier Ministre ; mais celui-ci ne songeait pas à lui adresser la moindre réprimande. Il était tout à la surprise et à l'admiration que lui faisait éprouver cette nouvelle preuve de mon pouvoir suggestif, et il ne lui arriva plus de le mettre en doute.

XLVI

Je recevais de temps à autre de petits cailloux dans ma fenêtre ; je savais ce que cela signifiait et je suivais mon guide, qui était toujours le même, c'est-à-dire la femme que la reine m'avait envoyée la première fois.

Je n'avais mis personne dans le mystère de ces sorties nocturnes, sauf pourtant mon secrétaire, à qui je ne pouvais les cacher, puisqu'il habitait la même maison que moi, mais sur la discrétion duquel je savais pouvoir compter.

J'avais à Tananarive de nombreux ennemis, qui ne cherchaient qu'à me faire un mauvais parti, et qui surtout eussent été heureux de surprendre le secret d'entretiens qu'ils n'eussent pas manqué d'interpréter défavorablement pour moi, aussi bien que pour la reine, et dont ils se fussent armés contre la politique de la France. M. Le Myre de Vilers lui-même n'aurait pu me défendre, et, s'il m'était arrivé quelque chose, il eût peut-être été obligé de m'abandonner aux suites de mon imprudence. Cependant je puis affirmer qu'il ne se passait rien, dans ces rendez-vous, que je ne pusse avouer et qu'ils n'avaient de mystérieux que l'apparence.

Un jour, dans une de ces entrevues, la reine m'apprit qu'elle allait passer quelques jours à la campagne. Elle possède, aux portes de Tananarive, au delà du faubourg d'Amparibé, une habitation d'été, dans une île qu'entoure une belle pièce d'eau, en partie naturelle, en partie artificielle, réunie à la terre par une jetée ; mais ce n'était pas là qu'elle se rendait à ce moment ; c'était dans une maison beaucoup plus éloignée et beaucoup plus modeste, qui avait autrefois appartenu à sa famille. C'était la coutume, tous les ans, à l'approche de la Fête du Bain, qui est la grande fête nationale des Malgaches, que la souveraine y allât faire comme une sorte de retraite.

Elle y voyait aussi l'occasion de suivre les préceptes que je lui avais donnés de prendre de l'air et de l'exercice. Le Premier Ministre devait l'accompagner, rester avec elle un jour, puis retourner seul à Tananarive. Elle espérait, dit-elle, que je voudrais bien lui continuer mes soins pendant qu'elle y serait et venir de temps en temps la voir à... j'avoue que j'ai oublié le nom de cet endroit.

Fidèle à mon principe de mettre à profit toutes les

circonstances qui se présentaient d'user de mon pouvoir sur la reine, je lui promis de me rendre à son invitation.

A cette époque, il régnait beaucoup d'indécision dans l'esprit de Ranavolo III et surtout dans celui du Premier Ministre. Les Anglais cherchaient à accaparer l'opinion publique, et quoique les sentiments de Rainilaïarivony leur fussent plus favorables qu'aux Français, il ne voulait pas cependant leur laisser trop prendre pied dans le pays. Suivant sa politique de bascule, il les flattait et nous flattait tour à tour, ne sachant au juste à quel parti s'arrêter.

La reine aurait voulu, on le sait, s'appuyer sur le parti français ; mais elle n'osait se prononcer ouvertement, sachant qu'elle avait tout à craindre de son mari si elle se déclarait contre lui. C'est à ce sujet qu'elle voulait me consulter, et j'étais trop heureux de la soutenir dans ces bonnes dispositions pour laisser échapper cette occasion.

Deux ou trois jours après le départ de la reine donc, à onze heures du soir environ, sa messagère ordinaire vint me chercher. Tout avait été arrangé d'avance, et je pris mes dispositions en conséquence. C'est ainsi que sans dire, bien entendu, à mon secrétaire le but de mon voyage, et le laissant se livrer à son imagination, je le prévins que j'allais faire une petite absence et je le priai de vouloir bien défendre expressément ma porte et me faire passer pour malade.

A l'heure dite, je me mis en route avec mon guide,

à pied selon ma coutume, dans des circonstances semblables. Elle me conduisit jusqu'à l'extrémité de la
ville. Là, deux filanzas nous attendaient : j'en pris un,
ma conductrice l'autre, et les porteurs se mirent en
marche. Ces hommes, je le devinai à quelques mots,
plus encore qu'à leurs rires, me supposaient en bonne
fortune, et se figuraient que j'avais un rendez-vous
avec une femme de leur nation, ce qui, il faut le dire,
n'arrive que trop fréquemment, les mœurs à Madagascar étant extrêmement faciles. Je crois même qu'ils
me soupçonnaient d'avoir fait la conquête de la sœur
de la reine, supposition qui n'avait rien de flatteur
à aucun point de vue, car elle était aussi hideuse au
moral qu'au physique.

Nous étions sortis de Tananarive par la porte de
l'ouest et mes porteurs marchèrent pendant quelque
temps dans cette direction ; mais ils en prirent bientôt une autre, en changeant continuellement, suivant en
cela les instructions que leur donnait mon guide mystérieux, s'avançant tantôt vers le nord et tantôt vers le
sud, tantôt vers l'est et tantôt vers l'ouest, ayant l'air
souvent de revenir sur leurs pas, sans que je pusse
d'abord deviner s'ils agissaient ainsi parce que la nature du terrain très accidenté leur interdisait de faire
autrement, ou si c'était dans le but de me dérouter.
Quoi qu'il en soit, je consultais vainement les constellations qui brillaient au-dessus de ma tête pour tâcher
de m'orienter, celles que j'avais eues tout à l'heure à
ma droite étaient maintenant à ma gauche, et il m'était

impossible de tirer aucune indication de la position qu'elles occupaient au ciel pour deviner le côté vers lequel nous nous dirigions.

Au bout d'une heure et demie à deux heures de marche, mes porteurs s'arrêtèrent; nous nous trouvions en rase campagne : pas la moindre trace d'habitation. Je n'étais pas arrivé, mais les hommes étaient fatigués, ce qui se conçoit. Quatre autres porteurs sortirent de derrière une touffe de palmiers, et, après avoir échangé quelques mots avec les premiers, ils se mirent dans les brancards, hissèrent le léger palanquin sur leurs épaules et repartirent au pas de course, comme les premiers.

J'avoue que je n'étais pas absolument sans inquiétude pendant cette étrange promenade. Qui sait, me disais-je, si Rainilaïarivony n'a pas saisi le secret de mes entretiens avec la reine, et si ce n'est pas lui qui m'a fait donner l'invitation qui m'amène là, à cette heure? Ces hommes ne me conduisent-ils pas dans un lieu où l'on peut me faire périr sans que ma disparition laisse la moindre trace, et sans que les soupçons puissent atteindre ceux qui en seraient les auteurs? Un Européen accepte un rendez-vous, le mari survient, et alors... qui peut-on accuser s'il en résulte un malheur?

J'eus tout le loisir de me livrer à mes réflexions : car nous marchâmes encore longtemps, mes porteurs prenant toujours les mêmes soins de changer sans cesse de direction. Décidément c'était pour que je ne pusse me rendre compte de celle qu'ils suivaient, et cette conviction ajoutait encore à mes perplexités, en donnant une nouvelle force à la supposition qui s'était établie dans mon esprit que ces hommes étaient les instruments des desseins du Premier Ministre

La reine me montrait trop de confiance pour que je pusse supposer qu'elle crût devoir user de tant de précautions à mon égard : elle me connaissait trop bien pour soupçonner que je fusse capable de la trahir. Par le fait, j'ai su depuis que les Malgaches, peut-être par un trait de caractère, n'aiment pas la ligne droite. En outre, c'était la femme de confiance de la reine, celle même qui m'accompagnait en ce moment, qui avait préparé cette expédition, et c'est elle qui s'était imaginé d'agir avec cet excès de prudence.

Il faut bien dire aussi que je n'avais pas les idées parfaitement lucides. Le balancement imprimé au filanza par la marche des porteurs, joint aux dispositions naturelles au sommeil que chacun éprouve généralement à l'heure où nous étions parvenus, me plongeait dans un engourdissement dont j'avais peine à me défendre, en dépit de tous mes efforts. Les rêves les plus étranges hantaient mon esprit : le souvenir des événements qui avaient ensanglanté le règne de Ranavalo Ire, la fin tragique de Radama II, se mêlaient à l'image de Rainilaïarivony, et, tout en sommeillant, je portais la main sur mon revolver, pour m'assurer que, au besoin, j'étais en état de me défendre.

Les étoiles commençaient à pâlir et l'aube à poindre quand mes porteurs s'arrêtèrent et déposèrent le filanza à terre. Cette fois nous étions au bord d'une vaste rizière qui remplissait le fond d'une étroite vallée ; mais j'eus beau promener de tous côtés mes yeux gros de sommeil, pas plus qu'à l'arrêt précédent je ne voyais de maisons ; à peine ici et là une case dont le toit de chaume descendait presque jusqu'à terre. Quatre autres hommes se levèrent d'un rocher sur lequel ils étaient assis et vinrent remplacer leurs camarades. Eux aussi échangèrent quelques paroles et se mirent en route.

Le jour s'était levé avec la rapidité ordinaire dans les pays situés sous l'équateur, et la chaleur commençait à devenir assez forte. Pendant deux heures, les nouveaux porteurs marchèrent, tantôt traversant des plaines cultivées où croissaient du riz, du manioc, des patates, tantôt des espaces rocailleux, tantôt des bouquets de bois d'où s'élevaient des arbres magnifiques ; des baobabs au tronc énorme, des bananiers à la tête échevelée, au léger feuillage. L'arbre à pain présentait ses grosses boules tombantes ; l'arbre du voyageur ses longues feuilles étalées, comme si une main soigneuse avait pris la peine de les arranger en éventail ; les fougères géantes dressaient leur tronc brun et écailleux et allaient porter, à dix ou douze mètres de hauteur leur bouquet finement découpé. De temps en temps, un perroquet noir, venait se percher sur notre passage, nous suivant de son œil clair, et faisant entendre son cri peu harmonieux, comme celui de tous ses congénères ; un argus se pavanait devant nous,

15

rentrant bien vite dans le fourré, aussitôt qu'il nous entendait approcher ; des lophophores aux reflets métalliques, des veuves à la longue queue en forme de cimeterre, des couroucous, vêtus d'émail vert et or, étincelaient dans le feuillage, tandis que des paons étalaient leur superbe queue sur les branches inférieures, agitant avec un orgueil royal le diadème que surmonte leur tête fine et nous regardaient tranquillement passer.

Ils comprenaient que je n'étais pas un ennemi, et que j'eusse été bien fâché de faire le moindre mal aux charmantes créatures. Quand je visite un pays, ce n'est pas pour attenter à la vie des animaux inoffensifs qui le peuplent, comme ne le font que trop souvent les voyageurs ; il est même rare que j'arrache une fleur sans un certain remords, la trouvant beaucoup mieux à l'endroit où la nature l'a placée que dans ma main, et sachant qu'elle s'y tiendra fraîche et vivante beaucoup plus longtemps.

Il faut dire d'ailleurs que je n'aurais même pas, pour agir ainsi, l'excuse que les savants ont à faire valoir ; je ne suis pas naturaliste, n'ayant pas eu le temps de faire les études nécessaires, et c'est un regret pour moi : car j'aurais peut-être été à même de tirer un meilleur parti encore de mes pérégrinations autour du monde, et d'en faire profiter la science. Au lieu de rapporter des collections de mes voyages, je me contentais donc de rapporter des vues, que je croquais en hâte sur un album qui ne me quittait guère, quitte à les compléter de souvenir au retour.

XLVII

Le soleil était déjà haut dans le ciel quand mes
porteurs me déposèrent devant une petite hutte, d'aspect assez misérable. La femme qui m'accompagnait
descendit de sa filanza, me faisant signe d'en faire
autant et de la suivre. Nous marchâmes pendant vingt
minutes environ et nous arrivâmes devant une maison
assez grande, surmontée d'un toit aigu, que dépassaient,
sur chaque pignon, deux perches croisées se dressant
vers le ciel. Ce toit surplombait de beaucoup la maison,
et était soutenu tout autour par des piliers de bois.
Sur cette sorte de vérandah s'ouvraient les portes du
rez-de-chaussée et les fenêtres du premier étage.
C'est ainsi du reste que sont construites la plupart
des cases à Madagascar, depuis la plus grande jusqu'à
la plus petite. Cette maison était celle de la reine

qui m'attendait et vint au-devant de moi. Elle m'entraîna dans le jardin qui entourait la maison. Ce jardin devait beaucoup moins à l'art qu'à la nature : tout y poussait à l'abandon, un chou à côté d'une rose. Cette dernière fleur pourtant était l'objet de quelques soins, car la reine l'aime beaucoup.

Mais ce qui faisait le principal ornement de ce lieu, c'étaient des lianes énormes qui s'élançaient à l'assaut des arbres les plus élevés, les entourant d'une draperie d'une richesse incomparable. Leurs tiges puissantes disparaissaient sous des feuilles larges comme mes deux mains, et de toutes les couleurs : pourpre, bleu, grenat, violet, jaune d'or, d'un tissu velouté dont la peluche la plus chatoyante ne peut donner qu'une faible idée. Ces feuilles étaient coupées de nervures de tons variés qui ajoutaient encore à leur effet. Il n'y a pas de fleurs à cette plante, ou plutôt je n'en vis pas, mais aucune fleur n'aurait pu lui donner plus de magnificence. Je ne pouvais en détacher mes yeux. Un autre arbrisseau dont la vue m'enchanta, ce fut une fougère, à laquelle je donnai le nom de « fougère magique ». Son feuillage, finement découpé et comme saupoudré de poussière d'or et de poussière de diamant, change de couleur selon la saison, l'heure de la journée, et traduit, par ses différents aspects, les variations de la température ; rien n'est plus curieux et plus joli.

L'art des jardins n'est pas complètement inconnu à Tananarive et l'habitation que M. Laborde s'était fait

construire à Soutsimanampiovana, à huit lieues de la
capitale, était entourée de jardins superbes, où il culti-
vait toute espèce de plantes, de fruits et de légumes
d'Europe.

Du reste je n'étais pas occupé de ces détails ;
j'avais l'esprit tendu sur ce que la reine pouvait avoir
à me dire au sujet des affaires, et je groupais dans ma
mémoire les arguments que je pourrais lui présenter
pour faire triompher ma cause, c'est-à-dire celle de la
France.

J'avais commencé par l'interroger sur sa santé, et
constaté avec satisfaction que les conseils que je lui
avais donnés continuaient à produire un effet favorable.
Elle était gaie et tout à fait fraîche dans sa robe de
mousseline blanche brodée, garnie de nœuds roses.

Nous longions un joli petit ruisseau qui formait de
mignonnes cascades entre les pierres, et nous allions
aborder le terrain de la politique lorsque la reine,
s'interrompant tout à coup et quittant mon côté, s'élança vers le ruisseau.

— Est-ce que ce n'est pas du cresson ? me demanda-
t-elle en me montrant des tiges vertes qui se dressaient sur le bord.

C'était du cresson en effet.

— Si nous en cueillions un peu, reprit la reine.

Et nous voilà tous deux arrachant des poignées de
cresson ; mais celui du bord était un peu avancé ; il
fallait atteindre les touffes qui croissaient au milieu de
l'eau. Bravement je me déchaussai et j'entrai dans la

rivière, pendant que la reine, s'avançant le plus qu'elle pouvait, posait ses deux petits pieds, chaussés de souliers mordorés à boucles de stras, sur deux pierres branlantes, relevant d'une main sa jupe de mousseline et de l'autre cherchant à cueillir les tiges qui baignaient dans l'eau. Mais à peine en avait-elle saisi une que, sentant qu'elle perdait l'équilibre, elle la lâchait bien vite en poussant un éclat de rire, pour agripper une branche ou bien pour saisir la main que je lui tendais. Elle riait, la pauvre reine, comme cela ne lui était peut-être jamais arrivé, même dans sa petite enfance : elle se sentait heureuse ; elle n'était plus qu'une simple femme : elle se laissait aller au plaisir de vivre, et elle oubliait pour un instant les préoccupations de la politique et surtout les chagrins de la maison conjugale, où jamais ne devait sonner un joyeux rire d'enfant, provoquant le sien.

XLVIII

Nous nous dirigeâmes, chargés de notre fraîche récolte, vers la maison, où une légère collation m'attendait. Après la nuit que je venais de passer, un peu de nourriture m'était absolument nécessaire. L'habitation était simplement meublée et ne présentait que peu de confort. Quand j'eus terminé mon repas, nous reprîmes notre conversation.

Tout en causant, je remarquai, sur une table, un gros livre à couverture rouge, doré sur tranches, et qui me parut avoir une tournure française.

Je demandai à la reine la permission d'y jeter les yeux, supposant, en dépit de son apparence, que c'était quelque livre de religion envoyé par les méthodistes, afin d'entretenir la reine dans ses bons sentiments à l'égard de leur secte. Je fus fort étonné en

reconnaissant dans ce volume l'*Astronomie populaire*
de Camille Flammarion.

— C'est dans ce livre, me dit la reine que je m'applique à lire le français, pour tâcher de ne pas oublier
le peu que je sais de cette langue ; de plus, il m'inté-
resse beaucoup par les dessins qu'il donne du ciel. Je
m'efforce de retrouver là-haut les constellations qui y
sont marquées et dont tu m'as montré quelques-unes.

— Voilà, dis-je, un ouvrage qui me paraît bien
abstrait pour une personne qui n'est pas absolument
familiarisée avec notre langue.

— Oh ! me répondit-elle d'un petit air capable, il y
a des choses que je comprends très bien, quoiqu'il y
en ait encore plus qui m'échappent. Je trouve ce livre
très intéressant et j'ai l'intention de le faire traduire
en malgache (1)

Nous causâmes alors astronomie. J'avais déjà remarqué qu'elle avait un certain goût pour cette science .Je
lui expliquai quelques-unes des lois qui régissent les
mondes. Sa conception était facile et elle prenait un
vif intérêt à tout ce que je lui disais ; mais ce qui
l'étonnait par-dessus tout et la passionnait encore plus,
c'était la prédiction des éclipses : elle ne comprenait
pas qu'on pût connaître d'avance le moment où elles
se produisaient. Quoique je lui eusse déjà fourni des

---

(1) J'ai appris depuis que ce projet avait été réalisé. Ainsi il est
curieux de constater que le premier livre traduit en langue malgache,
soit un livre français,et que les notions d'astronomie soient enseignées
à Madagascar d'après l'ouvrage de Camille Flammarion.

preuves irrécusables des certitudes de la science à cet
égard, elle y revenait sans cesse. Je cherchai à lui
donner quelques explications à sa portée, et chose
étrange, sans m'en douter d'abord, je fus amené à
concevoir une méthode qui permet de trouver immédiatement, sans calcul et sans avoir la moindre notion
d'astronomie, la date de toutes les éclipses de soleil et
de lune, aussi bien en ce qui concerne les éclipses
futures que toutes celles qui se sont produites depuis
le commencement du monde. Cette méthode, d'ailleurs,
que j'ai soumise à la sanction des savants astronomes
de France, a reçu depuis leur approbation offi-
cielle (1).

Je fus très flatté et très content de voir que le seul
ouvrage qui plût à la reine fût un ouvrage français, et
très satisfait surtout qu'il se trouvât en harmonie avec
mes goûts et traitât d'une science dont je m'étais
occupé spécialement; cela créait un nouveau lien, bien
innocent, entre la reine et moi.

— Mais, me demanda la reine, dans sa naïveté —
elle croyait tout possible maintenant aux savants français — est-ce que M. Flammarion quitte quelquefois
la terre pour aller se promener dans le ciel ? Il a l'air
de le connaître si bien !

— Non, répondis-je en riant, il ne l'a jamais visité

---

(1) A l'heure où paraîtra ce volume, ma méthode sur les éclipses
sera insérée dans le Bulletin de la Société Astronomique de France
dont j'ai l'honneur de faire partie.(Voir les bulletins de janvier, février,
mars, avril et mai. 1895.)

que du bout de sa lunette et à l'aide de ses calculs et
de sa science.

— Oh ! comme j'aimerais à connaître un homme si
savant! dit-elle.

— Rien n'est plus facile, répliquai-je. Il ne tient
qu'à toi de venir à Paris et de te le faire présenter, lui
et bien d'autres savants.

— Comme j'aimerais cela ! répéta la reine. Mais
comment ce désir se réaliserait-il jamais ? ajouta-t-elle
avec un soupir.

Ici une pensée traversa mon esprit comme un éclair;
l'exposition de 1889 n'était pas éloignée ; je savais
que la reine aurait désiré vivement la voir, et voici ce
que j'imaginai.

— Puisque tu parles de voyage, dis-je, il faut que
je te fasse une révélation. M. Le Myre de Vilers m'a
confié qu'il avait demandé pour toi, au gouvernement
français, le grand cordon de la Légion d'honneur :
c'est la plus haute distinction que le gouvernement
français puisse accorder, et tu seras la seule femme,
avec la reine d'Angleterre, qui l'auras obtenue. Si tu
es décorée, il faudra nécessairement que tu ailles
remercier le Président de la République. Tu te ren-
dras donc à Paris ; tu y rencontreras tous les personnages illustres, savants et autres, comme tu le désires et tu verras l'Exposition.

Ce que je venais de dire à la reine, au sujet du
grand cordon de la Légion d'honneur, était une idée
qui m'avait été tout à coup suggérée par les circons-

tances : M. Le Myre de Vilers ne m'avait parlé de rien,
mais j'espérais qu'il approuverait cette tactique et ne
me désavouerait pas. En effet, lorsque, quelques jours
plus tard, je lui fis part de la conversation que j'avais
eue avec la reine, sans lui dire, bien entendu, où elle
avait eu lieu, il me prit la main, me la serra avec force
en s'écriant :

— Vous êtes un malin, vous ! Ma foi, c'est une
bonne pensée que vous avez eue là ; je n'y avais pas
songé !

Il la trouva si bonne, en effet, que, plus tard, il fit
au gouvernement français, au sujet de la décoration de
la reine, une proposition qui fut bien accueillie ; mais
personne ne se douta jamais que, si la reine de Madagascar a obtenu le grand cordon de la Légion d'honneur, c'est moi qui avais eu l'initiative d'une affaire
dont les conséquences politiques, si elles s'étaient réa-
lisées à cette époque, auraient peut-être changé la face
des choses et eussent eu sans doute pour résultat de
prévenir la guerre.

Mais revenons à notre entretien.

La perspective d'aller à Paris, plus encore peut-être
que celle de recevoir le grand cordon de la Légion
d'honneur, séduisait la reine :

—Je ne demanderais pas mieux que de faire ce que tu
me conseilles, dit-elle, après un moment de silence,
mais comment obtenir la permission de mon mari ?
C'est lui qui gouverne. Tu sais qu'il n'est pas favorable à ton pays, et même... Elle s'arrêta comme si

elle n'osait continuer : elle craignait sans doute que je me livrasse à un accès de colère, semblable à celui dont elle avait vu l'explosion lors de la signature du traité Kingdon ; elle ajouta avec hésitation, après quelques instants de silence :

— Je t'en prie, ne te fâche pas ; mais, il faut que je te le dise, il se passe ici des choses que j'ai peine à démêler, et qui, sûrement, te déplairont. Je crois comprendre que le Premier Ministre trame quelque arrangement avec tes ennemis ; qu'il veut conclure un traité avec eux et mettre l'île sous la protection de l'Angleterre. C'est même pour cela que je t'ai prié de venir, afin que tu me donnes un conseil. Je suis tout à fait opposée à ce projet ; mais, je te l'ai dit, je n'ose me déclarer ouvertement contre l'autorité de mon mari. Je suis en son pouvoir, et je craindrais, en ne disant pas comme lui... Ma sœur aussi, tu le sais, est mon ennemie : elle a formé un parti puissant contre moi, que puis-je faire ?

— Puisque tu ne peux résister ouvertement, il faut faire ce que font les gens habiles dans des cas pareils : dissimuler. Dire comme ton mari ; parler contre la France, s'il le faut ; endormir ses défiances et lui demander la permission d'aller à Paris, quand tu auras obtenu la décoration, pour remercier le Président de la République de t'avoir accordé cette haute distinction. Surtout ne rien faire jusque-là, ne rien signer : gagner du temps. Tu lui promettras en même temps d'aller en Angleterre, quitte à ne faire que ce que tu

voudras. Quand tu seras à Paris, tu traiteras directement avec le gouvernement de la République, car
c'est toi qui es reine, et seule tu as le droit de traiter.
Si tu es sage, tu abandonneras le gouvernement de
ton île à la France, et tu recevras chaque année un
million pour cela. « La France saura rendre ton peuple
plus heureux que tu ne peux le faire, quel que soit ton
amour pour lui, parce que les Français ont pour eux
les arts, la science et la force. Toi, tu conserveras ton
titre et ton rang de reine, tu en auras tous les honneurs
sans en avoir les charges, et lorsque tu reviendras
ici, sous la protection de l'armée française, tu seras
libre au lieu d'être esclave, comme tu l'as été jusqu'ici.
Tu épouseras qui tu voudras, tu auras des enfants, ce
que tu désires le plus au monde ; tu seras heureuse
enfin.

Peut-être trouvera-t-on que donner à une femme le
conseil de se révolter contre son mari, n'est pas une
action fort louable ; mais il faut réfléchir que la
pauvre Ranavalo n'était pas dans une situation ordinaire. Il est rare, Dieu merci, qu'une femme de vingt
ans soit forcée, par raison d'Etat, d'épouser un homme
de plus de soixante ans, déjà veuf deux fois, et qui fait
de sa femme une esclave. Peut-être les situations
extraordinaires créent-elles des conséquences extraordinaires.

La reine accueillit avec enthousiasme la perspective
que je lui présentais.

— Tu as raison, dit-elle, je partirai ! Je ferai ce

que tu me dis. Mais surtout, ajouta-t-elle, n'en parle pas à ton Résident. C'est un secret entre nous deux.

Je pris l'engagement qu'elle me demandait, sans bien deviner pourquoi elle tenait à ce que je ne misse pas M. de Vilers au courant de son projet; mais sait-on toujours la raison de penser ou d'agir des femmes? A plusieurs reprises, dans le courant de la conversation, elle s'interrompit pour me répéter :

— Surtout n'en parle pas !

XLIX

Nous nous mîmes alors à débattre les moyens les plus propres à mener les choses à bien, puis la reine me demanda :

— C'est beaucoup d'argent, un million ?

Ce que je lui avais dit quelques instants auparavant faisait du chemin dans son esprit.

— Certes ! lui dis-je ; et, avec un million par an, tu aurais de quoi tenir un rang tout à fait royal ; te passer toutes les fantaisies, et, comme tu as le cœur bon, tu pourrais faire du bien autour de toi.

— Combien cela fait-il de pièces de cinq francs, un million ? reprit-elle.

— Cela en fait deux cent mille.

Je voyais dans ses yeux que ce chiffre ne lui disait rien, non plus que celui d'un million.

Je tirai quelques écus de ma poche, les plaçai l'un sur l'autre et je repris :

— Imagine-toi que tu empiles vingt pièces comme celles-ci, tu auras cent francs.

Un signe de la tête me dit qu'elle comprenait.

— Fais dix piles semblables et place-les à côté les unes des autres ; tu obtiendras un carré de cette dimension, fis-je en dessinant sur la table un rectangle allongé, et tu auras mille francs.

Elle fit signe qu'elle comprenait encore.

— Maintenant, empile toujours, et fais dix carrés semblables à celui-ci, tu auras 10.000 francs, — et je dessinai sur la table un carré dix fois plus grand que le premier. Si tu continues à former des piles de pièces de cinq francs, repris-je et que tu les ranges à côté les unes des autres en dix carrés comme celui-ci, tu auras cent mille francs, et ils ne pourront pas tenir sur cette table.

Je continuai ma démonstration, suivie avec la même attention par la reine dont les yeux ne perdaient pas un de mes mouvements.

— Enfin, si tu alignais ton million entier en piles de pièces de cinq francs, dis-je, il ne tiendrait pas dans cette chambre.

— Vraiment ! fit la reine émerveillée, et dont les yeux s'ouvraient de plus en plus grands. Mais, reprit-elle au bout d'un instant, si ton gouvernement, au lieu de me payer en argent, allait me donner de ce papier « à saigner » dont m'ont parlé les Anglais !

— « Papier à saigner » ? répétai-je, ne comprenant pas.

— Oui, ce papier qui, m'a-t-on dit, était imprimé avec le sang des chefs du gouvernement, pendant la République d'autrefois, ou bien peut-être avec le sang de leurs victimes ; je ne sais pas au juste.

Je poussai un éclat de rire.

Je finissais par comprendre que la reine voulait parler des assignats. Nos bons amis les Anglais, qui affichent un si constant amour de la vérité, avaient imaginé cette fable, ce papier imprimé avec du sang, afin d'inspirer à la reine de l'horreur pour nous. Je m'empressai de la rassurer et de lui dire qu'elle serait payée comme elle le désirerait : en or, en argent ou en papier ; mais que, si elle choisissait ce dernier, ce papier serait des billets de la Banque de France, lesquels sont acceptés avec empressement dans tous les pays du monde.

— De l'argent, reprit la reine d'un ton qui avait quelque chose de mystérieux ; je sais bien où il y en a.

Et comme je paraissais ne pas comprendre :

— Tu connais le tombeau de mon aïeul, Radama Ier ? poursuivit-elle.

Je fis de la tête un signe affirmatif. Oui, je connaissais cet édifice, élevé dans le voisinage du palais de la reine, et devant lequel on devait se découvrir quand on passait.

— Eh bien, d'immenses richesses y sont enfouies. Plus de cinquante caisses de doublons d'Espagne, la plus grande partie des objets précieux envoyés en présent par les cours d'Europe aux souverains de Madagascar ; des pierreries amassées par les premiers conquérants ; puis le produit des naufrages : car, tu le sais, autrefois les bâtiments que la tempête jetait sur le rivage de notre île, devenaient notre propriété ; tout est entassé là. Il y a aussi le produit du *hasina* et des autres impôts. Quoique ces impôts ne puissent pas être comparés, pour ce qu'ils rapportent, aux impôts que recueillent les gouvernements d'Europe, à ce que j'ai entendu dire, ils n'en donnent pas moins d'assez importants produits, sur lesquels on ne prélève aucune somme, puisque tous les travaux publics se font au moyen de la corvée et que l'armée ne reçoit pas de paie.

En effet, à Madagascar, l'impôt personnel est presque insignifiant : un centime à peu près par personne. En revanche, comme disait la reine, il y a le *fanampoanna*, la corvée.

La corvée, c'est l'obligation où est tout sujet de la reine d'exécuter, gratuitement, tous les travaux qu'il plaît à Sa Majesté d'ordonner. S'agit-il de faire une route, une digue, un pont, de bâtir un palais : des ouvriers terrassiers, maçons, peintres, décorateurs, sont requis, et, sans recevoir la plus petite paye, sans même être nourris, ils doivent donner tout leur temps, leur travail, leur savoir à la tâche qui leur est imposée. Tant pis s'il ne leur reste pas le loisir de gagner la subsistance de leur femme et de leurs enfants, et si ceux-ci meurent de misère et de faim ! De même, c'est par la corvée que se recrutent les employés, secrétaires, commis de toutes sortes qui sont nécessaires au fonctionnement des affaires publiques ; les artisans habiles dans leur art se gardent bien de faire parade de leur habileté, car ils sont exposés à ce que, un beau jour, un aide de camp de la reine vienne les féliciter en son nom et leur dire que, dorénavant, ils auront « l'honneur » de travailler pour elle.

Ils savent ce que cela veut dire qu'ils travailleront gratis.

La reine et les services publics ne sont pas les seuls à avoir recours à la corvée ; l'entourage de Sa Majesté, sa famille, le Premier Ministre, les gouverneurs, tous les gens haut placés, leurs sœurs, leurs oncles, tantes, cousins, cousines, amis ne se font pas faute d'en user et d'en abuser.

L'un de ces gros personnages a-t-il une maison à bâtir, une forêt à défricher, une rizière à irriguer, une mine à exploiter : il fait appel, au nom de la reine, aux ouvriers dont ils ont besoin, et leur maison est bâtie, leur forêt défrichée, leur rizière donne de belles récoltes, leur mine de beaux revenus, sans qu'il leur en coûte un sou.

On comprend combien cette manière de procéder est injuste et vexatoire ; mais il faut avouer qu'elle est

bien commode pour ceux qui en profitent, et cela
explique que, en effet, le tombeau de Radama ou tel
autre palais puisse recéler bien des trésors.

L

Depuis quelques instants, la reine avait regardé plusieurs fois à sa montre.

Au bout d'une ou deux minutes de silence pendant lesquelles elle parut un peu préoccupée, elle me dit :

— Si je t'ai fait venir ici, c'était, comme je te l'ai déjà dit, afin de te consulter sur les affaires publiques; mais j'avais encore un autre but. Tu m'as donné et tu me donnes tous les jours des preuves de ton amitié; je veux t'en marquer ma reconnaissance, et, pour que cette amitié soit indestructible, je veux la sanctionner par un lien sacré qui nous unisse l'un et l'autre, à la vie, à la mort. Ce lien ce sera le *baptême du sang*.

J'avais déjà entendu parler de cette coutume, particulière à Madagascar, et qu'on appelle le *fattidrah* ou *alliance du sang*. Je l'ai même dit, un lien de ce genre

s'était noué entre le roi Radama II et notre compatriote M. Lambert. C'est un engagement que contractent
deux personnes de s'entr'aider, de se soutenir dans
toutes les circonstances pénibles ou difficiles de la vie.
Il donne lieu à certaines cérémonies qui sont présidées
ordinairement par un vieillard, faisant l'office du prêtre
dans les cérémonies religieuses. Ces cérémonies ont
lieu quelquefois en public, plus souvent en particulier. Ceux qui ont contracté cet engagement deviennent frères, *frères du sang*. Une femme peut faire
le serment du sang avec un homme, un indigène avec
un étranger et les obligations qu'il entraîne engagent
aussi bien les membres des deux familles que ceux
mêmes qui l'ont juré. Les malheurs les plus terribles
doivent être le châtiment de celui qui violerait son
vœu.

La reine continua :

— Ce baptême sera secret entre nous deux, et
deux autres personnes de confiance ; l'un un vieillard,
conservateur des dernières traditions de mes ancêtres,
et qui représente, dans l'ancienne religion, à peu près
ce que vous appelez un évêque ; l'autre, la femme
de confiance qui t'a amené ici. C'est ce vieillard qui
m'a vu naître, qui m'aime comme si j'étais son enfant
— plus encore peut-être — qui prononcera sur nous
les prières usitées en pareille circonstance et qui
recevra notre serment. Je l'ai fait venir ; dans une
heure, le moment sera favorable : nous nous rendrons
dans la case où il nous attend.

Elle s'était levée et se dirigeait de nouveau vers le jardin.

— Oui, continua-t-elle, je sais que tu ne m'as jamais donné que de bons conseils et que je ne peux en recevoir d'autres de toi. J'étais malade, ennuyée, abattue ; tu m'as guérie, tu m'as rendu le courage et l'espoir, tu commandes à la volonté des autres, et, si je te gardais auprès de moi, je sens que je pourrais lutter victorieusement contre le pouvoir qui m'opprime et redevenir reine de fait comme je le suis de nom. Ta science ne cesse de se manifester à moi, et en ce moment même, si je t'en demandais une preuve, je sais que tu me la donnerais.

— Peut-être, dis-je en souriant, espérant calmer par là l'exaltation où je la voyais. Veux-tu par exemple que je te dise le nom que tu as dans l'esprit en ce moment ?

— Un nom ? oui ; j'en ai un, répliqua la reine. Peux-tu vraiment le deviner ?

Nous nous étions arrêtés devant un oranger qui laissait pendre ses fruits d'or au-dessus de la tête de la reine.

— Prends une de ces oranges, répondis-je.

Elle ne pouvait y arriver ; elle ordonna à sa suivante, qui ne nous avait pas quittés et qui était de grande taille, de lui en cueillir une.

— Ouvre-la, dis-je à la reine.

Elle obéit. L'orange contenait un papier parcheminé, sur lequel était écrit un mot.

— Radama ! lut tout haut la reine. Oui, continua-t-elle, c'est à lui que je pensais : à ce roi que ses sentiments pour la France ont désigné à la haine de ses ennemis, et qui a payé de la vie cette préférence !

Elle frissonna à ce souvenir, sans doute surtout en se rappelant que son propre mari était accusé d'avoir pris part à l'assassinat de ce prince, et en se disant qu'elle-même était presque dans la même situation et entre les mêmes mains.

— Oui, reprit-elle, il aimait la France ! Et moi aussi je l'aime ! J'étais déjà portée pour ceux de ta nation par les sœurs de Saint-Vincent de Paul qui m'ont appris à lire, à écrire, qui m'ont donné les premiers éléments de la langue française, alors que j'étais toute petite. Les Français sont un peuple généreux, et je les aime davantage encore maintenant parce que tu es Français ! Mais voici l'heure, continua-t-elle en se remettant en marche ; le vieillard doit nous attendre.

LI

Nous sortîmes du jardin, qui n'était pas très grand, et nous nous dirigeâmes, à travers des bouquets de verdure, vers une petite hutte de terre, couverte de feuilles de bananier, comme presque toutes les habitations du pays. Elle était fermée par une espèce de porte à coulisse, faite de tiges de bambous grossièrement assemblés. La reine la fit glisser avec peine. La hutte ne contenait que l'ameublement ordinaire : une marmite en mauvaise ferraille, posée sur des pierres formant trépied, se voyait dans un coin et un bambou à contenir l'eau dans un autre.

Quelques poules maigres et chétives, aux plumes sales et hérissées, semblaient avoir élu domicile dans cette hutte et laissaient partout des traces de leur passage. Sur une natte qui paraissait toute neuve, étendue

16

au milieu de la pièce, se voyait un vieillard, blanc de poil, au nez fortement busqué et aplati, au teint d'un brun foncé. En apercevant la reine, il voulut se lever pour aller au-devant d'elle, mais elle l'arrêta du geste en lui disant :

— *Saraba* ! c'est-à-dire : c'est bien, ne te dérange pas.— Puis elle fit s'asseoir sur la natte, à sa gauche, en me faisant signe de prendre place à droite ; pendant que la femme qui nous avait suivis s'accroupissait sur le seuil de la porte.

La reine entama alors avec le vieillard une conversation qui dura environ dix minutes et qui me parut très animée. Je crus comprendre que le vieillard faisait des objections à la reine. Il lui représentait sans doute que j'étais un étranger ; que peut-être je ne lui avais pas encore fourni assez de preuves de dévouement pour qu'elle me donnât la marque de confiance dont elle se préparait à m'honorer ; que l'engagement qu'elle voulait contracter l'obligerait peut-être à faire des choses qui seraient incompatibles avec sa qualité de reine. Je devinai ses paroles à son ton, ses gestes, aux regards obliques qu'il jetait sur moi. La reine répliquait avec vivacité ; je n'entendais pas plus ses paroles que celles de son interlocuteur, puisqu'elle s'exprimait en malgache, et c'est à peine si je surprenais de temps en temps un mot qui me mît au courant, en me montrant qu'elle plaidait ma cause.

A la fin la reine fit un geste d'autorité qui signifiait :
— Je le veux !

Le vieillard y répondit par un signe de soumission.
Aussitôt sa figure, assombrie jusque-là, se trouva
comme transformée ; il se redressa ; ses yeux éteints
s'animèrent, et toute sa personne prit l'air de majesté
d'un officiant devant l'autel. Il sortit du coin de son
lamba un verre en corne, puis un étui de vingt-cinq
centimètres de long, ornementé de dessins rouges
gravés en creux, et fait d'un fragment de tige de bambou ; il en tira quelques clous rouillés, qui avaient sans
doute déjà servi dans une cérémonie du même genre et
les posa sur la natte à côté de lui. Il prit ensuite entre
ses jambes deux cornes de bœuf que je n'avais pas
encore aperçues, et qui étaient fermées d'un bouchon de
bois, de manière à former une sorte de gourde ; il les
garda dans la main, puis se recueillit un instant, et
récita quelques phrases, qui, je le suppose, au ton
qu'il y mit, devaient être des prières. Par moments il
avait l'air de s'adresser à la reine et dans d'autres à
moi. La reine répondait de la tête, d'une manière
affirmative, me faisant signe de l'imiter. Je me confor-
mais à son désir pour lui être agréable.

Enfin le prêtre tira de son étui une longue épine
d'acacia féroce ou de tout autre arbre du même genre,
qui avait environ la longueur du doigt et dont le bout
était blanc. Je compris que cette épine allait lui servir
de lancette. Il prit doucement la main de la reine, et y
posa l'épine. La reine la prit, me la mit dans la main,
puis, la reprenant, la rendit au vieillard. Celui-ci mit
l'épine entre ses dents, la pointe en dehors, en conti-

nuant à murmurer des incantations et des prières.

Alors, sur un signe qu'il fit à la reine, celle-ci découvrit sa poitrine, m'ordonnant du geste de l'imiter. Retirant alors l'épine d'entre ses dents, le vieillard me l'enfonça légèrement sous la mamelle gauche, et tout près du cœur. Je sentis une légère piqûre. En sortit-il du sang ? C'est ce que je ne saurais dire ; en tout cas le vieillard approcha le verre de corne pour recueillir ce qui pouvait s'échapper, puis il pratiqua la même petite opération, à la même place, sur la reine, dont quelques gouttes de sang jaillirent, je les vis cette fois, et dont tout à coup ses joues pâlirent, en dépit de leur teinte bistrée. Je ne pus cependant attribuer cet effet à la douleur de la blessure, qui était insignifiante, mais bien à l'émotion que lui causait cette cérémonie, à laquelle les Malgaches attribuent un caractère sacré.

L'officiant avait débouché ses deux gourdes de corne ; il versa dans le verre où il avait recueilli le sang la valeur de deux petits verres à liqueur d'une eau qui était contenue dans l'une d'elles, eau consacrée peut-être. De la seconde gourde, il versa quelques gouttes seulement, puis il jeta dans le verre les clous rouillés et l'épine d'acacia. Ensuite, ayant remué le contenu du verre avec le bout de son doigt sans plus de cérémonie, il souffla dessus à plusieurs reprises et y plongea l'épine. Il me fit signe alors de me rapprocher et de mettre ma main gauche sur l'épaule gauche de la reine, pendant que celle-ci ferait de même.

Le moment était solennel ; la femme qui jusque-là s'était tenue sur le seuil, récitant toujours à demi-voix des prières, était entrée dans la hutte et suivait des yeux toute la cérémonie avec une émotion presque aussi vive que celle de sa maîtresse. Le vieillard me tendit le verre en me faisant signe de boire. Comme je me préparais à lui obéir, avec plus ou moins d'enthousiasme, la reine me retint le bras :

—Réfléchis bien à l'engagement que tu vas prendre, me dit-elle, comme j'ai réfléchi moi-même à celui que je vais contracter envers toi. Rappelle-toi que le serment du sang forme entre nous un lien aussi pur, aussi sacré, que celui que crée la nature entre frère et sœur. En partageant entre nous le contenu de ce verre, nous devenons unis « comme l'eau et le riz ». Je jure de partager avec toi les biens et les maux de la vie, de venir à ton aide chaque fois que tu en auras besoin, de te secourir si tes jours sont en danger. Ce serment que je te fais, veux-tu me le faire ? Veux-tu être toujours pour moi un conseiller et un ami ? Le jures-tu ?

— Je le jure, répliquai-je, et en effet l'affection que je portais à la reine, l'intérêt — presque la compassion qu'elle m'inspirait, seule au milieu de ceux qui devaient la protéger et qui ne cherchaient qu'à la supplanter ou à profiter de sa faiblesse — cette affection et cet intérêt étaient trop sincères pour ne pas saisir cette occasion de l'en assurer.

— Si tu deviens parjure à ton serment, reprit la reine avec solennité, que ton corps serve de pâture aux

16.

caïmans, qu'il devienne *mafa* (démon), et qu'il en soit
fait de même de tous tes descendants ! Jures-tu ?

— Je jure ! répétai-je.

— Bois donc ! dit-elle en lâchant mon bras qu'elle
tenait toujours.

Je lui obéis ; l'eau contenue dans le verre et à
laquelle s'étaient mêlées quelques gouttes de sang,
avait un goût que je ne démêlai pas bien et qui lui
était peut-être communiqué par la corne qui l'avait
contenue ; en tous cas, je ne m'arrêtai pas à ce détail ;
j'étais, presque autant que la reine, dominé par la
solennité de l'engagement que je contractais et auquel
je ne crois pas avoir jamais manqué.

Je passai le verre à la reine. Elle prononça quelques mots en malgache ; sans doute le même serment
qu'elle m'avait dicté en français, puis elle vida le verre.

Alors, pendant que nos deux mains gauches res-
taient appuyées sur l'épaule gauche l'un de l'autre, le
vieillard plaça nos deux mains droites sur le verre
vide, posé devant lui ; il étendit les siennes au-dessus
de nos têtes réunies et prononça en malgache quelques paroles qui signifiaient, la reine me l'expliqua
depuis : — Je jure avoir fait le baptême du sang entre
la reine et son ami français... — il y eut un temps
d'arrêt, la reine ajouta : Marius Cazeneuve... — Marius
Cazeneuve, répéta le vieillard, et avoir reçu leur
serment mutuel. La femme de confiance parut faire la
même déclaration, j'en jugeais ainsi par l'air de gravité
qu'elle donna à ses paroles.

Là se termina la cérémonie : le vieillard remit en place les objets qui lui avaient servi à la célébrer : l'épine, les clous rouillés restés au fond du verre et le verre lui-même. La reine fit servir une collation de fruits divers et de riz, que le vieillard avait fait cuire sans doute ; puis celui-ci me pressa sur sa poitrine si vigoureusement, quoique sa force parût éteinte, qu'il me fit vraiment mal ; mais je compris, à la chaleur de cette étreinte, que j'avais gagné son estime et qu'il me jugeait maintenant digne de celle de la reine.

Ce changement d'opinion sur mon compte était dû sans doute à la résolution bien marquée avec laquelle j'avais pris le verre et l'avais vidé. Il voyait bien que j'étais sincère dans mes sentiments pour la reine, et l'ami de sa souveraine adorée ne pouvait être que son ami.

Il était cinq heures : la nuit vient vite sous l'équateur, et le jour tirait à sa fin. Nous prîmes congé du vieillard. Quand nous fûmes de nouveau dans le jardin, la reine me dit :

— Je contracterai un jour un autre baptême d'amitié avec toi, et celui-là ce sera devant mon mari : car je veux que tous sachent que je te considère comme mon frère ; mais nous le contracterons à la moderne, c'est-à-dire en partageant un gâteau et en prononçant certaines paroles ; mais quant à l'engagement que nous venons de prendre ici, d'après les anciens rites, je désire qu'il soit ignoré jusqu'au jour où un danger nous obligera, l'un ou l'autre, à le révéler. En tous cas que le Premier Ministre n'en soit jamais instruit.

Je lui promis qu'il serait fait selon son désir. Après que je l'eus accompagnée jusqu'à sa case et que je lui eus fait mes adieux, elle me remit sous la conduite de la femme qui m'avait amené. Les porteurs nous attendaient dans la hutte où nous avions mis pied à terre ; nous remontâmes en filanza ; nous retrouvâmes nos relais d'hommes au lieu où nous les avions laissés précédemment et nous regagnâmes Tananarive. Là, mon guide m'ayant laissé au pied de la colline où se dresse le palais, je rejoignis à pied ma demeure et je relevai M. Pappasogly de sa faction.

LII

Cependant on commençait à faire les préparatifs
pour le *Fandroana* ou *Fête du Bain de la reine* qui
approchait. Le « Fandroana » est le nouvel an malgache, et on le célèbre, comme notre premier de l'an,
par des réjouissances, des visites, des cadeaux ; seulement ce sont surtout les petits, les pauvres, qui
doivent faire ces cadeaux.

L'année malgache se compose de douze lunes, de
sorte qu'elle est d'environ onze jours plus courte que
la nôtre, et que le premier jour de l'année ne tombe
pas à époque fixe ; mais, depuis l'avènement de
Ranavalo III, le « Fandroana » a été fixé au 22 no-

vembre, qui est l'anniversaire de naissance de la
reine.

Les Malgaches donnent à cette fête une grande
solennité et elle dure près d'un mois. D'abord, trois
semaines avant, les affaires sont suspendues ; on
nettoie, on pare les maisons, on prépare de nouveaux
habits, chacun se dispose à célébrer la solennité de
son mieux.

La reine était revenue de la campagne peu de temps
après la visite que je lui avais faite. Deux ou trois
jours avant le « Fandroana » elle devait faire, sur la
grande place d'Andohalo, sorte de champ de Mars du
peuple hova, situé au pied de la colline de Tananarive, une proclamation au sujet de la fête prochaine.
Au milieu de cette place se trouve une pierre que les
Malgaches considèrent comme sacrée et qu'on appelle
Pierre à intronisation ou *Pierre de la reine :* car les pieds
seuls de la reine ont le droit de la fouler. C'est sur
cette pierre en effet que se tient la souveraine pour
passer la revue de ses troupes, pour recevoir les
hommages de ses sujets ou pour faire des procla-
mations.

C'est en grande pompe, portée dans un grand palanquin rouge surmonté de la boule d'or, indice du rang
suprême, que la reine se rendit à la place d'Andohalo.
Elle était magnifiquement vêtue, comme toutes les fois
qu'elle se montre en public, et le peuple se pressait
sur son passage, l'acclamant avec frénésie.

Un fauteuil rouge, surmonté d'un dais, avait été

préparé sur la pierre bleue ; la reine s'y assit et prononça le discours suivant :

Moi,

RANAVALO MANJAKA

Par la grâce de Dieu et la volonté du peuple
Reine de Madagascar

et

Défenseur des lois de mon pays.

» Voici ce que j'ai à vous dire, ô peuple : Par la grâce de Dieu, nous voici arrivés à l'anniversaire de ma naissance, qui est aussi celui de mon couronnement, et qui, je l'ai décidé, serait aussi la date de la fête du Fandroana, afin que vous et moi nous nous réjouissions ensemble, à cette occasion qui se renouvelle pour la troisième fois depuis mon avènement au trône. Que Dieu soit loué !

» Vous êtes assemblés sur cette place d'Andohalo, sacrée par la mémoire de douze souverains. Vous vous y êtes rendus à mon appel, sans la moindre hésitation, et à l'heure indiquée. Je vous en exprime toute ma satisfaction et mon approbation, tant à vous et à mes parents qu'à mon peuple. Je reconnais qu'en vous je retrouve père et mère, car vous me reconnaissez tous pour l'héritière d'Andrianampoinimérina et de Leidama et de Rabodonandrianampoinimerina et de Rosahcrimanjaka et de Ranavolomanjaka II et j'ai confiance en vous. Que Dieu vous bénisse et vous conserve santé et prospérité pendant de longues années.

» Et maintenant voici, au sujet du Fandroana :

» 1. — Le lundi 22 novembre est le jour fixé pour la cérémonie du Bain. Le lendemain (mardi), au matin, on tuera les bœufs qui doivent l'être à cette occasion.

» 2. — Dans la soirée de lundi, jour du Bain, vous êtes autorisés à tuer des volailles, mais aucun animal à quatre pieds ne pourra être abattu.

» 3. — Le jeudi, 18 novembre, sera le dernier jour où les animaux de boucherie pourront être abattus. Après cette date, il est défendu de répandre le sang de quelque animal que ce soit, excepté celui des oiseaux, dans la soirée de lundi. Le mardi est le jour désigné pour l'abatage des bœufs pour la fête, et il est défendu de verser le sang d'aucun autre animal jusqu'au lundi suivant, après lequel la chose sera permise.

» (ii) La chair des animaux abattus jusqu'au 18 novembre ne pourra être mélangée ou vendue avec celle des bœufs tués à l'occasion du Fandroana ; elle devra être consommée avant la cérémonie de lundi, fête du Bain (22 novembre).

» (iii) Toute cruauté inutile contre les bestiaux devant être abattus est rigoureusement défendue.

» 4. — Si lorsque vous partagerez la chair des bœufs tués pour la fête, vous ne le faites pas loyalement, et que vous cherchiez à tromper en abusant de votre force contre les faibles pour avoir les plus grosses parts, je considérerai la chose comme honteuse et déshonorante et je la punirai comme un crime.

» 5. — La culotte de chaque bœuf tué sera envoyée au palais, comme droit régalien.

» (iii) Tout le suif devra être porté au nord du palais où il sera partagé.

» (iiii) L'huile de pied de bœuf sera envoyée au palais.

» Tels sont mes ordres et que chacun en prenne connaissance, car ils ne vous sont pas cachés. Si vous les transgressez, j'en serai assurément prévenue par les chefs, la police ou la communauté ; et si eux ne se conformaient pas à mes prescriptions, vous sauriez m'en prévenir.

» Alors que Dieu vous bénisse, ô mon peuple ; que vous soyez sage dans l'observance des lois pour le bien de vos personnes, vos femmes et vos enfants ; que l'évangile de Jésus-Christ et la Vérité fassent du progrès dans mon pays et que toute vanité disparaisse. Et puissions-nous tous, Moi et vous, mon peuple, être les servants de Dieu

» dit
» Ranavolo Manjaka
» Reine de Madagascar. »

La proclamation terminée, la reine rentra au palais avec la même cérémonie, et toujours acclamés par le

17

peuple qui faisait retentir l'air de « trarantitra »
répétés.

On conviendra que pour une reine barbare, plusieurs
de ces prescriptions ne manquaient pas d'une certaine
élévation et que la manière dont elles étaient promul-
guées était assez imposante.

—————

LIII

Le grand jour est arrivé. Dès le matin le canon tonne, tout ce qu'il y a de bouches à feu à Tananarive proclame le " Jour de la reine ". Chacun revêt son plus beau lamba ; on se fait des visites. En entrant dans chaque maison, on trempe ses doigts dans un vase plein d'eau, placé à la porte en disant : Puissions-nous nous visiter pendant mille ans encore ! — C'est ce qu'on appelle les « prémices de l'eau. »

Ce n'est que le soir qu'a lieu la cérémonie du bain.

Vers huit heures les représentants des puissances étrangères, les Européens de marque se dirigent vers le palais. Ils ont grand'peine à y arriver tant la foule est compacte. C'est dans la salle des Ancêtres que doit se célébrer l'acte le plus important de la fête. Cette salle est contiguë à la salle du Trône où j'avais donné mes séances, et occupe la moitié du rez-de-chaussée du palais, pendant que la salle du Trône occupe l'autre. Tout y a conservé son aspect antique ; c'est là que sont réunis les présents envoyés par les souverains étrangers, et les objets précieux de toutes sortes, entre autres deux vases d'argent ciselés, d'un beau travail, dus à des artistes malgaches.

Un siège d'honneur avait été réservé au Résident de France qui, seul des envoyés étrangers, était assis. La reine m'avait aussi fait donner une place, presque en face de son trône, de sorte que je ne perdis rien de la cérémonie.

La salle était splendidement illuminée ; la reine portait le costume national : un lamba pourpre et avait en main un sceptre doré.

A ses pieds se voyait, comme toujours, son neveu, vêtu, lui aussi, du lamba traditionnel.

Des officiers, sabre au clair et raides dans leurs habits brodés et rebrodés d'or, se tiennent debout, immobiles, aux quatre coins du trône.

Le Premier Ministre est à côté de la reine en costume de général.

La salle est divisée en quatre parties par une sorte de passage laissé libre pour la circulation. Dans le carré, à gauche de la reine, sont groupés les officiers supérieurs ; en face et à gauche aussi, les envoyés des différentes puissances et parmi eux, en avant, M. Le Myre de Vilers ; dans le carré faisant face à celui-ci, les Européens de marque, le personnel de la Résidence et

tous les Malgaches qui ont pu s'introduire dans la
salle; eux aussi portent,pour la plupart,le lamba rouge
foncé : c'est le vêtement de cérémonie. C'est là, au
premier rang que je suis placé. Enfin, dans le carré
de droite, est un espace vide, au milieu duquel se voit
une sorte de foyer, formé de plusieurs briques, sur
lesquelles est placée une énorme marmite en terre,
elle contient de la viande et du riz qui cuisent en ce
moment et qui ne seront mangés qu'au prochain
Fandroana. Quatre dames, appartenant à la plus haute
noblesse, sont chargées d'entretenir le feu. Elles agi-
tent sans cesse de grandes branches de bananier: je ne
peux pas savoir si c'est pour activer la flamme ou si
c'est dans le but de chasser les mauvais esprits. Dans
la paroi de droite de la salle se voit une porte qui
donne sur la grande place du palais. Elle est ouverte
et les clameurs du dehors, faites de bénédictions, de
louanges et de cris de joie, parviennent jusqu'à la
salle.

La cérémonie commence par un discours du Premier
Ministre, que je n'entends pas, mais dont je devine la
teneur. Comme dans tous les discours de ce genre, il
proteste longuement de son entier dévouement à la
chose publique et à la personne de la reine. Il y joint
un pompeux éloge de Sa Majesté. En dépit de ses
efforts pour émouvoir ses auditeurs, l'assistance reste
froide. Il n'en est pas de même quand la reine vient à
parler : à chaque instant elle est interrompue par des
applaudissements auxquels répondent les acclamations

enthousiastes de la foule massée au dehors. Puis c'est un autre discours, puis des prières, de la musique. L'hymne national est entonné par toute l'assistance et produit un effet imposant.

Dans un coin de la salle, a gauche, derrière le trône, une draperie rouge cache la baignoire d'argent dans laquelle la reine doit prendre son bain. Un long cortège a défilé devant nous, formé de gens portant, qui l'eau, qui le bois nécessaire pour la faire chauffer. Tout est prêt ; la reine descend de son trône et disparaît derrière le rideau.

Pendant qu'elle quitte ses vêtements, qu'elle entre dans la baignoire et que la musique continue à se faire entendre, que l'artillerie tonne au dehors, le Ministre des Affaires Etrangères, ce personnage a l'aspect grotesque dont j'ai déjà parlé, reçoit le *hasina*. C'est un tribut volontaire d'argent, représenté par une ou plusieurs pièces de cinq francs entières, jamais fragmentées, que les nobles, venus souvent de fort loin, offrent à la reine. Et la musique ne cesse pas et les acclamations et les cris de joie au dehors éclatent sans interruption, et les dames continuent à entretenir le feu, à surveiller la cuisson de la viande et du riz, contenus dans la grande marmite, en agitant leurs longs panaches de bambous.

Au bout d'une demi-heure environ, le rideau cachant la baignoire s'ouvre et la reine reparaît. Elle avait changé de costume, et portait une robe pourpre ornée de dentelles ; sa coiffure consistait en un diadème de

corail qui lui avait été offert, à l'occasion de sa fête,
par M. Le Myre de Vilers au nom de la France. Elle
était radieuse et en effet les marques d'affection qui lui
étaient données en ce jour par son peuple étaient bien
faites pour mettre la joie et le triomphe au front d'une
souveraine.

Ranavolo portait de la main gauche une corne de
bœuf, cerclée d'argent, remplie d'eau prise dans son
bain, qu'elle verse à mesure dans la paume de sa main
droite et, s'avançant dans le passage en croix ménagé
au milieu de la salle, précédée d'un de ses officiers et
suivie de l'inévitable Premier Ministre, elle en asperge
toute l'assistance. Elle parcourt le passage tout entier,
suivant d'abord un côté, puis l'autre ; lançant toujours
des gouttelettes prises dans la corne qu'elle tient à la
main. Je crois remarquer qu'elle y met quelque malice
en passant devant moi, mais je n'en reçois pas moins
cette pluie sacrée avec tout le respect que demande la
situation.

Parvenue à la porte qui donne sur la terrasse, la
reine s'arrête. Un sentiment de joie et d'orgueil
remplit son cœur, en contemplant son armée sous les
armes et son peuple groupé sur la place, qui, la
voyant si belle et si radieuse, est pris d'un véritable
délire d'enthousiasme. Ce sont des cris, des acclamations, des éclats de joie, des chants, qui forment un
tumulte impossible à décrire. La reine est émue et on
le serait à moins ; elle lance de tous côtés ce qui reste
d'eau dans sa corne : on se précipite pour tâcher d'en

recevoir quelques gouttes. Heureux ceux qui y parviennent ; ils sont l'objet de l'envie des autres.

Le vase est vide ; la reine retourne à sa place ; puis ce sont de nouveaux discours. Un prêtre de l'ancienne religion — c'est le seul jour où on en conserve les rites — fait un long sermon, très attendrissant, paraît-il, car les assistants donnent les signes de la plus vive émotion ; ils poussent des soupirs, ils pleurent.

On va maintenant procéder au festin ; il est précédé d'un autre discours du Premier Ministre, qui, prenant un air navré, finit par dire que la *marmite a été cassée*, et que celle qui sert actuellement est toute neuve, tandis que celle qui vient d'être cassée accidentellement servait depuis plus de *cent ans*, c'était la marmite des aïeux : cette communication paraît toucher aussi très vivement l'auditoire.

On ne s'en prépare pas moins à savourer le contenu de la marmite, non de la « neuve » celle qui est sur le feu, mais le contenu d'une marmite, conservé depuis le dernier Fandroana. On devine ce que peut être cette viande, cuite depuis un an ; ou plutôt, non, on ne peut pas l'imaginer ; il faut y avoir goûté. C'est ce que je fis, à l'exemple de plusieurs Européens qui, comme moi, et en leur qualité d'explorateurs, ont le palais curieux.

Un morceau de choix fut offert à M. Le Myre de Vilers qui l'accepta avec un air de profonde déférence ; mais je le soupçonne de m'avoir fait concur-

rence en cette occasion et de l'avoir savamment
escamoté.

Quant aux Malgaches, c'est avec la conviction et le
respect de catholiques prenant part à la Communion
qu'ils firent disparaître jusqu'à la dernière parcelle de
viande et jusqu'au dernier grain de riz qu'ils eurent le
bonheur de recevoir. C'était, en effet, dans les rites de
l'ancien culte, une sorte de communion entre ceux qui
le pratiquaient.

La viande et le riz contenus dans l'autre marmite,
celle qui est sur le feu, sont cuits ; ils vont être soigneusement conservés, et c'est seulement au prochain
Fandroana qu'on les distribuera.

Que ceux qui prendront part à ce festin se régale-
ront donc !

La fête se continue pendant au moins une semaine
encore par des repas pantagruéliques. La défense de
tuer des « animaux à quatre pieds » est levée, et alors
on en égorge par milliers. On fait des dîners qui com-
portent jusqu'à cent cinquante plats. Parmi les convives
il en est qui se gorgent de viande et de rhum jusqu'à
en être malades — si un Malgache pouvait jamais
arriver au terme de ce que son estomac est susceptible
d'engouffrer. Dans ces festins on sert les mets les plus
invraisemblables : des fritures de chenilles — lesquelles chenilles sont longues de douze à quinze centimètres ; — des salmis de sauterelles ; des fricassées de
vers à soie.

On se fait aussi des cadeaux de victuailles ; c'est

17.

ainsi que je reçus la lettre suivante, qu'accompagnait un quartier de viande :

Monsieur et Madame Marc Rabibisoa ont l'honneur de prier Monsieur le Commandeur Cazeneuve et Monsieur T. Pappasogly d'accepter le Jaka de viande qu'ils leur envoient, comme marque de la bonne amitié, selon l'usage du pays, à l'occasion de la fête.

Marc RABIBISOA.

———

LIV

A l'occasion du Fandroana, M. Le Myre de Vilers avait commandé à Paris un feu d'artifice qui devait être tiré le soir de la fête, et témoigner des sentiments que la France entretenait à l'égard de la reine. Jamais on n'aurait rien vu de pareil à Tananarive ; notre Résident espérait que cette attention serait bien accueillie de Sa Majesté et de son entourage ; mais il comptait sans la bonne foi des Anglais. Ils intriguèrent si bien qu'ils persuadèrent au Premier Ministre que, sous prétexte de feu d'artifice, le gouvernement français voulait introduire à Tananarive des munitions de guerre, afin de préparer un coup de force. De sorte que lorsque les caisses contenant les pièces attendues arrivèrent à Tamatave, des ordres furent donnés pour empêcher qu'on les montât à la Capitale.

Quand M. Le Myre de Vilers apprit ces manœuvres
perfides, il me chargea de faire comprendre à la reine
qu'on l'avait calomnié ; que c'était dans le seul but
d'ajouter un nouvel éclat à la fête et pour donner un
gage de plus de cordiale entente à la reine, qu'il avait
fait venir ces pièces d'artifice. La reine fut aisément
convaincue ; j'eus plus de peine à faire entendre
raison au Premier Ministre ; j'y réussis pourtant : l'em-
bargo mis sur les caisses fut enfin levé, et des émis-
saires furent envoyés à Tamatave pour les chercher.
Elles arrivèrent trop tard néanmoins, ce dont nos
ennemis triomphèrent, mais ils ne triomphèrent pas
longtemps car, à quelques jours de là, le feu d'artifice
fut tiré à l'émerveillement général : la France avait
bien fait les choses.

Le gouvernement de la reine, toutefois, craignait
que M. le Résident général ne fut fort mécontent de
l'entrave apportée à ses projets par l'interdiction mise
sur les caisses qu'il attendait, et qu'il refusât de pavoi-
ser le palais de la Résidence, le jour du Bain de la
Reine ; mais M. Le Myre de Vilers ne voulut pas donner à cet incident plus d'importance qu'il n'en avait,
et il ne changea rien aux préparatifs qu'il avait or-
donnés.

Parmi les soldats français faisant partie de son
escorte, se trouvait un peintre qui ne manquait pas
d'un certain talent. D'après des esquisses de l'ingénieur de la Résidence, M. Rigaut, il avait peint de

grands transparents représentant les armes de France, combinées avec celles de la reine. Ces transparents, derrière lesquels on avait disposé de fortes lampes, avaient été placés sur la terrasse du premier étage du palais de la Résidence, entourés de drapeaux français et hovas assemblés, à la grande joie et à la grande admiration des habitants, ravis de voir les couleurs de France mêlées à celles de leur pays. En outre, de longs cordons de verres bleus, blancs et rouges décrivaient mille circuits autour du palais du Résident général, produisant un effet féerique. Sur les branches des arbres, sur les fenêtres, sur les corniches, sur les rochers, partout on voyait briller des étoiles multicolores. L'effet en était d'autant plus saisissant que tout aux alentours était plongé dans une profonde obscurité. Et comme la Résidence est, après le palais de la reine, un des édifices les plus élevés, ces feux se projetaient jusqu'au delà de Tananarive, si bien que, dans les villages environnants, on avait cru un instant à un incendie.

En même temps des musiciens, massés sur la terrasse du palais de la Résidence, faisaient entendre la *Marseillaise* alternant avec le *Sidikina*, pendant que, dans les vastes salons de M. Le Myre de Vilers qui, ce jour-là, étaient ouverts à tout le monde, se pressait une foule un peu mêlée et que les bouchons de Champagne sautaient aux cris de : Vive la Reine ! Vive la France !

Dans le courant de la semaine du Fandroana, le

gouvernement hova offrit un grand dîner aux Européens habitant la capitale. M. Le Myre de Vilers et les consuls des autres nations avaient été priés de vouloir bien désigner ceux de leurs nationaux qui leur semblaient dignes de l'honneur de recevoir une invitation.

Naturellement j'assistai à ce repas. Tous ceux de nos compatriotes qui avaient été conviés, se présentèrent dans une tenue irréprochable ; mais, à l'exception de M. Pickersgill, tous les Anglais se firent remarquer par le sans-façon de leur toilette. L'un d'eux n'eût-il pas l'aplomb d'arriver en chemise de couleur, sans cravate, et avec un caleçon collant de tricot marron. Ces Anglais, qui chez eux rougiraient de se mettre à table avec quelques amis autrement qu'en frac et avec un gardenia à la boutonnière, trouvent bon quand ils sont à l'étranger, de mettre dehors toute contrainte et d'agir avec le plus grand laisser aller, se disant sans doute que : quand il y a de la gêne il n'y a pas de plaisir.

Leurs « ladies » elles-mêmes semblaient avoir exhibé pour ce jour leurs toilettes les plus discordantes et leurs mines les plus revêches, et ce n'est certes pas leur présence qui contribua à donner de l'agrément à la fête.

Quelques jours après fut échangé, entre la reine et moi, le nouveau serment du sang dont j'ai déjà parlé, ou plutôt le serment d'amitié, car il n'y figure pas la moindre goutte de sang. On lui a conservé le nom de

« Fadditrah » parce qu'il remplace le baptême du sang des anciens rites.

Il se pratique en partageant un gâteau et en échangeant un baiser.

C'est moi-même qui avais fabriqué le gâteau qui figurait en cette circonstance et il paraît que Sa Majesté l'avait trouvé à son goût, car, le lendemain matin, Marc Rabibisoa m'adressait le billet suivant pour en avoir un autre.

PRIVÉE.

Mon cher M. Cazeneuve,

S. E. hier a manifesté le désir que vous fassiez un nouveau gâteau Cazeneuve pour S. M., et voudrait avoir les bouteilles de vin Frontignan en même temps que le gâteau. S. E. m'a demandé si elle ne pourrait pas vous envoyer un des cuisiniers de S. M. pour apprendre avec vous la manière de faire votre gâteau ?

Votre ami,

Marc RABIBISOA.

Je ne demandais pas mieux que de donner cette satisfaction à la reine comme on peut le voir par les lignes qui suivent.

Mon cher M. Cazeneuve,

Je vous envoie, de la part de S. E., le nommé Ramainty, cuisinier, pour apprendre la manière de faire le cadeau Cazeneuve.

Votre ami sincère,

Marc RABIBISOA.

C'est un soir, en présence du Premier Ministre et de
Marc Rabibisoa servant toujours d'interprète, que
nous procédâmes à ces agapes, en mangeant, la reine
et moi, un morceau du gâteau que j'avais apporté et
en nous jurant de nouveau fidélité, aide et protection, car cette sorte de communion implique, pour
ceux qui la contractent, les mêmes engagements que le
baptême du sang et appelle les mêmes malédictions
sur ceux qui y manquent ; mais j'avoue que cette
cérémonie qui se passait dans une pièce confortablement meublée et brillamment éclairée, devant deux
hommes correctement vêtus à l'européenne, m'impres-
sionna beaucoup moins que celle qui avait eu pour
théâtre la misérable petite case malgache et pour officiant le vieux prêtre à la tête branlante.

Le bruit ne tarda pas à se répandre dans la ville
que la reine et moi avions juré le « fadditrah. » Cette
nouvelle qui parvint sûrement à la connaissance des
méthodistes et des ennemis que j'avais dans l'entourage
de Sa Majesté aurait dû mettre à néant toutes les
calomnies qu'on répandait sur les relations existant
entre la reine et moi ; car, tout en rapprochant ceux
qu'il unit, ce lien crée en même temps entre eux un
obstacle analogue à celui qui séparait autrefois chez
nous le parrain et la marraine qui avaient tenu ensemble un enfant sur les fonds baptismaux ; ce serait pour
un homme et une femme qui auraient juré le
« fadditrah » commettre un sacrilège que de concevoir

d'autres sentiments que ceux d'une fraternelle et pure amitié ; mais il n'y a de pires sourds que ceux qui ne veulent pas entendre et les mauvais bruits continuèrent à circuler, entretenus et propagés surtout par ceux qui avaient intérêt à affaiblir l'influence française, et qui espéraient y réussir en la présentant sous un jour odieux.

Je crois donc sincèrement que l'affection que me portait la reine n'a jamais dépassé les bornes permises ; quant à moi, je le répète, ce que j'éprouvais pour elle était un sentiment de sympathie et de compassion. Je plaignais de tout mon cœur la pauvre femme, et j'aurais été heureux d'apporter quelque adoucissement à son sort. Elle était si isolée au milieu de ce nombreux et brillant entourage !

— Je n'ai que deux amis, me disait-elle un jour ; l'un est la femme de confiance qui connaît le secret de nos entretiens nocturnes ; l'autre, ai-je besoin de te le nommer ?

— Tu en as un troisième, lui répliquai-je, et un auquel tu peux t'abandonner sans réserve, car il est aussi généreux que puissant : C'est la France. C'est la France, je te l'ai déjà dit à mainte reprise, qui te débarrassera de tes ennemis et qui assurera ton trône à toi et à tes héritiers, en en creusant les fondements, s'il le faut, avec des baïonnettes françaises et en le cimentant avec le sang français. Jette-toi dans ses bras ; c'est ce que tu as de mieux à faire .

En effet, l'abandon de ses droits sur Madagascar au

gouvernement français était, pour la reine, la seule
planche de salut, le seul moyen de secouer l'odieuse
tyrannie qui pesait sur elle, de se délivrer des entraves
qui la tenaient captive sur son trône.

Je revins sur ce que je lui avais dit pendant notre
entrevue à la campagne et qui faisait du reste le sujet
de presque tous nos entretiens. Je la pressai d'envoyer
une ambassade à Paris d'abord pour sanctionner le
traité d'emprunt au Comptoir d'Escompte qui devait
remplacer le traité Kingdon, que la reine avait déchiré
à mon instigation, et surtout pour arrêter les conditions
du voyage dont il avait été question entre nous. Je
lui avais conseillé, quand elle parlerait de son désir à
Rainilaïarivony de lui proposer de faire ce voyage
avec elle, afin qu'elle eût quelque chance d'en obtenir la permission ; mais je savais bien, et elle aussi,
que Rainilaïarivony avait des intérêts trop importants
dans l'île pour qu'il songeât à la quitter ; que peut-
être, au contraire, il verrait dans cette absence
de la reine, un moyen de s'emparer du rang suprême, de devenir le roi de nom comme il l'était
déjà de fait, et qu'il la saisirait avec joie : mais
je savais aussi que cette usurpation ne rendrait pas son
armée plus invincible, n'apporterait aucun obstacle à
l'action de la France, et, par conséquent, ne serait pas
préjudiciable à la reine. Les Anglais voulaient bien
soutenir Rainilaïarivony de leur politique retorse et
même l'aider à s'emparer du pouvoir, comptant sur sa
docilité à leurs vues et sachant bien en outre que le

trône serait moins solide quand un homme haï du peuple y serait assis que quand il était occupé par une reine adorée de ses sujets ; mais de là à nous déclarer ouvertement la guerre, il y avait loin, et ils y regarderaient à deux fois.

— Quant à envoyer une ambassade à Paris pour sanctionner, comme tu dis, le décret d'emprunt avec le Comptoir d'escompte, je sais qu'il en est question ; mais pour ce qui est de mon voyage en France, c'est différent et je ne crois pas qu'il s'effectue jamais, me répondit la reine d'un ton de profonde mélancolie. C'est un rêve qui, comme bien d'autres, ne se réalisera pas. Et pourtant j'aurais tant voulu connaître ton pays ! Ce doit être si beau la France !

Hélas ! moi aussi, je dus bientôt abandonner pour elle cette perspective. Aux timides insinuations que la reine avait faites d'une absence de quelques mois, Rainilaïarivony avait répondu par un refus absolu, fondé, comme toujours sur la raison d'État. Si par moments il entrevoyait la possibilité de s'emparer de la couronne, en d'autres instants où il était mieux inspiré, il voyait bien que c'était en sa femme que résidait tout son prestige et que ce qui lui donnait son pouvoir, c'était précisément son titre de mari de la reine. Q'arriverait-il si elle le quittait ?

LV

Pendant ce temps la médisance et la calomnie continuaient à se donner carrière et à se répandre autour
de moi ; ma position devenait de plus en plus difficile.
Mes relations avec la reine, tout innocentes qu'elles
fussent, étaient suspectées, toutes mes actions mal
interprétées, tous mes discours dénaturés. Je sentais
qu'il n'était pas prudent de demeurer davantage : le
meilleur moyen de faire taire ces langues venimeuses,
c'était de partir. Je me décidai donc à retourner en
France. D'ailleurs des affaires d'intérêt m'y rappelaient et une circonstance se présentait pour m'en faci-
liter les moyens : le traité que le gouvernement de la
reine avait enfin conclu — en grande partie d'après

mes conseils — avec le Comptoir d'Escompte (1) était
prêt, quoique M. Kingdon eût déclaré que « l'établissement de crédit français n'eût pas l'ombre de
chance » d'obtenir la concession. Une mission diplomatique allait partir pour porter ce traité à Paris, l'y
faire ratifier, et en même temps pour régler différentes affaires ; je résolus de profiter de l'occasion
pour quitter l'île. M. Le Myre de Vilers voulait bien
me confier la valise diplomatique : je ne pouvais refu-
ser une mission si honorable ; d'ailleurs tout ce que je
me promettais en venant à Madagascar s'était réalisé :
j'avais agi sur l'esprit de la reine et même sur celui du
Premier Ministre ; j'avais obtenu des concessions importantes ; je ne pouvais espérer davantage.

Je n'étais même plus dans une sécurité complète.
Un certain Rasanjy, entre autres, ne m'inspirait qu'une

---

(1) Je peux affirmer, sans crainte d'être démenti par M. Le Myre de
Vilers, que, sans mon intervention, c'était une maison de Londres qui
aurait fourni les dix millions de cet emprunt et mis main-basse comme
garantie, sur les douanes et sur l'administration de l'île. J'ajouterai
que cette affaire a été une des plus difficiles à mener à bonne fin, et
que, malgré le succès que j'y ai obtenu, le Comptoir d'Escompte *n'a
pas songé a m'adresser une lettre de remerciement*. Il y a loin de là, on
le voit aux *quarante mille francs* que, d'après certaines personnes,
j'aurais reçu de ce même Comptoir à titre de gratification. Cette
calomnie sert seulement à prouver, par l'importance du chiffre cité,
l'importance de la négociation dont il s'agissait. On me permettra
d'ajouter à cette occasion que je n'ai jamais obtenu la moindre récompense pour les services que j'ai pu rendre et pour le dévouement dont
j'ai fait preuve dans toutes ces circonstances. Du reste, le patriotisme
cesse quand la question d'intérêt vient se mêler aux actes, et, si
j'insiste sur ce sujet, c'est pour démentir formellement toutes les accu-
sations qu'on a fait courir sur mon compte, quant au profit que j'aurais tiré de ma campagne à Madagascar.

confiance très limitée. C'était un personnage qui avait une haute situation à la cour : il était 13e honneur, membre du Conseil privé, Secrétaire de Son Excellence le Premier Ministre, Commandant en chef de Madagascar, et je crois qu'il l'est encore — on voit que les titres ne lui manquaient pas. Je pourrais ajouter que c'était mon ennemi particulier ; je l'avais toujours soupçonné de nourrir de mauvais desseins contre moi et j'ai de fortes présomptions de croire qu'il avait formé le dessein de me faire connaître le goût du tanghin. C'était une expérience que je ne tenais pas à faire et je trouvai plus prudent de céder la place.

Quand je fis part de mon dessein à la reine, elle manifesta un grand désappointement et un vif chagrin. Comme la plupart des femmes, elle se laissait aller aux impressions du jour sans se demander si ce jour devait avoir un lendemain. Après avoir eu près d'elle pendant quelque temps un ami dévoué, prêt à la conseiller, à la soutenir, elle allait retomber dans son isolement.

Ce n'est pas sans émotion, de mon côté, que je me séparais de cette pauvre jeune femme que je laissais livrée aux intrigues de toutes sortes ; mais je surmontais ma propre peine pour ne pas augmenter la sienne. Je ne pus la calmer qu'en lui promettant de revenir et de lui amener ma femme et mes enfants, que, à plusieurs reprises, elle avait témoigné le désir de connaître. J'étais sincère et je pensais la revoir sans qu'il s'écoulât beaucoup de temps ; mais que d'engagements

de ce genre on prend et que la destinée ne vous
permet pas de réaliser !

Elle voulut bien m'accorder une dernière entrevue
pour que je lui fisse mes adieux et me remit alors la
croix de commandeur de Ranavalo III Manjaka. Elle
avait eu l'attention de faire fabriquer à mon intention une décoration spéciale : une étoile à huit
pointes, surmontée d'une couronne royale en or. Au
centre était la pièce d'or que je lui avais remise moi-
même, comme *hasina,* lors de ma première réception,
avec cette inscription :

RANAVALO-MANJAKA III
REINE DE MADAGASCAR.

J'en fus extrêmement touché.

Nous échangeâmes les souhaits les plus affectueux ;
je lui rappelai, ainsi qu'au Premier Ministre qui était
présent, que l'Exposition de 1889 s'ouvrirait prochainement, que tous les souverains du monde entier se
réuniraient à Paris à cette occasion, et qu'ils ne pouvaient manquer de s'y trouver ; puis après diverses
recommandations à la reine au sujet de sa santé — je
n'avais pas attendu que son mari fût là pour lui en
faire au sujet de la politique et pour la conjurer de
conserver à la France les sentiments de sympathie
auxquels elle était portée naturellement et que je
m'étais appliqué à renforcer, — je pris congé de la
reine et du Premier Ministre.

Le lendemain je me mis en route muni de la valise

diplomatique et d'une lettre de M. Le Myre de Vilers pour M. Freycinet, Président du Conseil, et qui était ainsi conçue :

RÉSIDENCE GÉNÉRALE
DE
MADAGASCAR
—

Monsieur le Président du Conseil,

J'ai l'honneur de recommander à votre bienveillance Monsieur Cazeneuve, porteur de cette lettre, qui pourra vous donner d'utiles renseignements sur la cour d'Emyrne.

C'est un des Européens qui ont approché de plus près la reine et le Premier Ministre.

J'ajouterai que le concours de Monsieur Cazeneuve m'a été des plus utiles.

Veuillez agréer, Monsieur le Président du Conseil, les assurances de mon respectueux dévouement.

LE MYRE DE VILERS.

———

18

LVI

Pendant une partie de la journée, chaque fois que je me retournais, je voyais le parasol rouge à boule d'or sous la vérandah du palais, m'indiquant que la reine était là, me suivant du regard et de la pensée. Ce n'est pas sans me sentir moi-même quelque peu remué que je fixais mes yeux sur ce point qui se rapetissait à chaque instant et qui finit par disparaître complètement. La masse énorme du palais fut visible jusqu'au soir et même une partie de la journée du lendemain; mais c'est vainement que j'y aurais cherché le parasol royal; quand même il eût été à la place où je l'avais vu au départ, l'éloignement l'eût rendu invisible à jamais.

Sa Majesté m'avait donné un courrier qui devait me servir de guide et protéger mes bagages; elle m'avait, en outre, fait présent d'un petit drapeau blanc, en forme de flamme, brodé en rouge de ses propres mains, et qui, en cas de danger, me protègerait et me ferait obtenir tout ce que je demanderais.

De nouveau nous parcourons les vastes espaces qui entourent Tananarive et nos yeux s'arrêtent sur les vertes rizières au travers desquelles l'Ikopa et ses affluents promènent leurs eaux fertilisantes que des digues et des canaux distribuent de tous côtés; de nouveau nous traversons les villages prospères et très rapprochés, qu'entourent des cultures de manioc, de patates, de maïs, et où gloussent des poules qui s'effarouchent à notre approche. Nous arrivons à la forêt et, de nouveau aussi, les énormes baobabs, les palmiers, les raphias, l'arbre à pain, les fougères arborescentes forment un dôme verdoyant au-dessus de nos têtes. Comme à notre premier voyage les oiseaux multicolores, les perroquets noirs, les makis au plastron de satin blanc se montrent entre les branches; puis ce sont les villages misérables traversés à l'aller, et les habitants toujours très serviables et très polis, nous recevant de leur mieux — un mieux qui laisse beaucoup à désirer comme confortable — dans leurs cases hantées de puces et de rats, en nous faisant, comme à l'aller, force discours, et en nous offrant des cadeaux de bienvenue.

Ce qui rend le voyage beaucoup plus pénible cette fois, en dépit de la facilité que la descente donne aux porteurs, c'est l'état de mon secrétaire. Ce pauvre

garçon avait été pris des fièvres de Madagascar et il
en était tellement affaibli que c'est à peine s'il pouvait
supporter le transport ; c'était encore une raison
pour hâter le départ, sans attendre que le mal em-
pirât. Son dépérissement me faisait pitié.

Un jour, au moment de reprendre sa filanza, il me
dit d'une voix mourante :

— Monsieur Cazeneuve, je suis perdu ; laissez-moi
mourir là.

— Mourir ! m'écriai-je. Il s'agit bien de mourir ! Il
s'agit de faire un effort, voilà tout ! Vous laisser là !
Vous imaginez-vous que j'y consentirais ? Pour qu'on
dise, n'est-ce pas, que je vous ai abandonné ! Un
effort, vous dis-je ! Levez-vous et remontez dans votre
filanza ou je vous brûle la cervelle.

Et je tirai mon revolver.

— Merci, murmura-t-il ; vous me rendriez service !

Quand je vis que, décidément, il n'y avait pas d'autre
parti à prendre, qu'il ne voulait pas absolument quitter
la natte où il avait passé la nuit, je le fis empoigner
par mes hommes et porter de force sur sa filanza où
l'on eut ordre de l'attacher, afin qu'il ne fut pas exposé
à tomber, car il avait perdu tout souci de sa propre
conservation.

Le soir, en arrivant au gîte, pendant que mes
hommes s'occupaient à faire cuire leur riz, je me fis
apporter une pièce de bœuf que je coupai en petits morceaux et que je mis dans une marmite avec de l'eau, afin
de faire un bon bouillon pour le pauvre Pappasogly.

18.

Je mis à cette opération tous les soins dont j'étais capable, dosant savamment l'eau et le sel, surveil-
lant attentivement l'ébulition ; enlevant consciencieu-
sement jusqu'à la dernière parcelle d'écume ; puis
voyant dans une espèce de jardinet attenant à la
case qui nous servait d'hôtellerie, une belle plante d'aspect tout à fait réjouissant que je pris pour un chou
bien pommé, je résolus de l'employer à bonifier le
bouillon sur lequel je comptais pour rendre quelque
force à mon malade. Je m'informai auprès des naturels en employant le langage des signes, c'est-à-dire
en désignant successivement du geste la plante et ma
bouche.

— C'était très bon en effet, répliquèrent, par le
même moyen, ceux auxquels je m'adressai.

Acheter l'objet de mon ambition et le fourrer dans
la marmite, fut l'affaire d'un instant. Hélas ! ce
bienheureux chou, c'était du tabac ! On devine ce qu'il
advint de ce bouillon préparé avec tant de sollicitude !

A cause de mon secrétaire, nous ne voyagions pas
aussi vite que je l'aurais désiré ; je fus même obligé de
rester toute une journée dans un village, situé sur
notre parcours, afin de lui donner un peu de repos.

Ce village était situé au bord d'une rivière infestée
de crocodiles. Je m'y fis une réputation de magicien
bienfaisant des mieux établis par la manière dont je
forçai un de ces monstres, que les habitants du pays
appellent « la terreur des eaux », à rendre un chien qu'il
avait, soi-disant, englouti dans son estomac.

Pendant que le chef du village qui avait convoqué un « kabary » en mon honneur, pour fêter dignement le médecin de la reine, me faisait un discours dont je ne comprenais pas un mot, mais dont je savais le sens, — ces discours étant toujours les mêmes — je suivais des yeux les ébats d'un joli petit chien qui paraissait effrayé du mouvement inusité auquel ma caravane donnait lieu. Il appartenait, paraît-il, au chef du village. Tout-à-coup le petit animal disparut et je remarquai qu'il allait se blottir dans un fourré voisin.

Quand j'eus lancé, en réponse au discours du chef du village, un *Veloma Ranavalo Manjaka fahatelo* — Vive S. M. la reine Ranavalo III — très sincère — c'était ma réponse habituelle aux harangues, — et que le kabary eut pris fin, le chef cherche son chien ; il l'appelle, la petite bête ne répond pas.

Il y a des chiens de Nivelle dans tous les pays.

— Le crocodile ! s'écria aussitôt un des naturels ; le crocodile l'a mangé !

— Le crocodile l'a mangé ! répondirent autant de voix qu'il y avait d'habitants dans le village.

Et chacun de courir vers la rivière.

Un crocodile se tenait là, à demi échoué sur le sable et de l'air béat de quelqu'un qui vient de faire un bon repas.

Le chef qui aimait beaucoup son chien se lamentait.

— Consolez-vous, lui dis-je ; demain, dès que le soleil sera levé, je vous promets de vous faire rendre la petite bête par le crocodile qui l'a dévoré.

— Est-il possible ! s'écria-t-il.

— Je vous le promets.

Quelques temps après, grâce à quelques tranches de saucisson, je parvenais à saisir le chien qui n'avait pas quitté son refuge, et je l'emportais dans l'intérieur de la case, après avoir pris les précautions nécessaires pour qu'il ne trahît pas sa présence par ses aboiements.

Je le gardai toute la nuit ; le lendemain quand on fut au bord de la rivière, j'adjurai — à distance — le caïman d'avoir à restituer le chien du chef dont il avait si méchamment fait son repas le jour précédent ; alors manœuvrant habilement — (je ne suis pas prestidigitateur pour rien) — je donnai la liberté au chien que je tenais blotti sous ma jaquette de flanelle, le lâchant de telle façon qu'on pût croire que, en effet, il sortait du ventre du crocodile comme jadis Jonas de celui de la baleine.

On devine de quelles acclamations fut saluée cette résurrection.

Il y a des circonstances où il ne faut pas être bien difficile sur le genre de divertissement qu'on peut se procurer. Celui-ci eut le double avantage de me faire passer quelques bons instants et d'augmenter considérablement mon prestige vis-à-vis de tous ceux qui furent témoins de ce tour de passe-passe.

Une autre fois, après avoir coupé tête et queue à une sorte de petit porc-épic, assez malfaisant qui pullule à Madagascar, j'ajustai cette tête et cette queue à un rat auquel j'avais fait subir la même opération. Aussitôt ou vit les deux animaux se mettre à courir, comme si rien d'extraordinaire ne leur était arrivé, au grand ébahissement des spectateurs. On devine qu'il s'agissait de deux petites pièces mécaniques, prestement substituées aux deux infortunées créatures, sacrifiées à cette expérience d'escamotage. J'avais fait fabriquer ces deux pièces pour l'amusement de la reine qui s'en divertissait beaucoup.

Mais, pour en revenir au chien escamoté, rien d'étonnant que ce chien, après mon départ, ait été élevé au rang de divinité par les fanatiques du village. Qui sait? peut-être, en ce moment, le chien a-t-il son temple, comme les fétiches des anciens Malgaches: Azor, si tu as été fait dieu, sois moins ingrat que les hommes politiques, et n'oublie pas que c'est un tour de prestidigitation qui t'a valu cette auréole.

LVII

Un autre moyen d'exercer mon empire sur les hommes de mon escorte et sur les populations des villages consistait en l'apparition d'un serpent mécanique, que je portais avec moi et que j'exhibais au besoin. Il était très joliment imité ; son corps aux reflets chatoyants déroulait ses anneaux avec une souplesse extrême ; sa tête, se dressait à l'occasion, d'un air courroucé en faisant entendre un sifflement de colère, pendant qu'il dardait une langue pointue et menaçante. Je le tenais toujours dans ma poche et je m'amusais fort — à part moi — de la terreur qu'il inspirait à mes hommes et de l'importance que me donnait à leurs yeux le pouvoir qu'ils me supposaient de charmer ces bêtes malfaisantes. Je n'avais qu'à faire sortir le bout de sa tête pour obtenir d'eux tout ce que

je voulais, et, plus d'un qui peut-être aurait bravé
mon autorité, si je n'avais eu, pour la soutenir, que les
armes ordinaires, n'aurait rien osé en pensant à la
mystérieuse créature — bien inoffensive en réalité —
qui reposait au fond de la poche de mon costume de
voyage.

Dans un autre village où je dus encore m'arrêter
pour permettre à M. Pappasogly de se reposer, je fus
témoin d'une chasse au caïman des plus émouvantes.

Pendant que mon secrétaire dormait ou essayait de
dormir, j'errais autour des cases, lorsque je vis un
homme sortir de l'une d'elles, tenant par la main un
petit garçon d'environ deux ans, son fils sans doute.
Il portait une sorte d'instrument formé de deux bâtons
réunis en forme de T. Le gamin trottinait gaiement
auprès de son père, et je pouvais d'autant mieux admirer ses formes rondelettes que, selon l'usage adopté
dans le pays pour les enfants, jusqu'à cinq ou six ans,
il était absolument nu. Nous arrivâmes ainsi au bord
de la rivière. Un caïman sommeillait à peu de distance
du rivage, sa tête hideuse appuyée sur un rocher qui
émergeait de l'eau. Au bruit que nous fîmes en approchant il ouvrit ses petits yeux et demeura d'abord
quelques instants immobile. Il semblait méditer sur
ce qu'il allait faire.

Le père s'avança jusqu'au bord de la rivière ; il fit
asseoir l'enfant sur une pierre et lui donna un fruit
pour l'amuser et pour qu'il se tînt tranquille. Le petit
garçon sans défiance prit le fruit, et commença à le

manger ; le père se retira alors jusqu'à un rocher
derrière lequel il se cacha, se ménageant toutefois le
moyen de surveiller ce qui allait se passer. J'étais
frappé d'épouvante. Cet homme avait-il donc amené
son fils, en cet endroit pour le livrer en pâture au
monstre ! Je songeais à intervenir pour arracher
l'enfant à sa position périlleuse lorsque, tout-à-coup, je
vis le caïman plonger, puis reparaître presque aussitôt, menaçant, à un mètre à peine de l'enfant, qui était
demeuré à la même place.

J'allais m'élancer à son secours mais, plus prompt
que l'éclair, l'homme m'avait devancé, et se précipitant
sur le monstre dont la gueule était ouverte toute grande,
il plongea hardiment son T entre ses deux mâchoires.
C'est en vain que l'animal essaya de les refermer ; les
deux extrémités de la branche transversale, taillées en
pointe, étaient entrées dans ses chairs et tous ses efforts
pour s'en débarrasser furent inutiles. L'homme tenant
toujours solidement le bâton principal amena le monstre sur le rivage, où, aidé de quelques habitants qui
étaient venus le rejoindre, il le tua facilement, pendant
que l'enfant continuait à grignoter son fruit, incons-
cient du danger qu'il avait couru.

Quand nous retournâmes au village, je fis, par l'entremise de mon petit domestique, des observations
au père au sujet « de l'appât » qu'il offrait au caïman
et du péril auquel il exposait son fils. Ne pouvait-il,
lui dis-je, employer dans ce dessein un agneau ou
tout autre animal ?

19

— Caïman aime bien mieux petit enfant, me répondit-il.

Je ne pus m'empêcher de frissonner à cette réponse qui semblait impliquer que le caïman avait déjà goûté à cette chair délicate, puisqu'il savait l'apprécier; mais si j'en avais conclu que les Malgaches n'aiment pas leurs enfants j'aurais eu tort ; ils sont au contraire très attachés à leur progéniture, et les enfants sont gâtés à Madagascar encore plus peut-être que chez nous, ce qui, je crois, n'est pas peu dire. Comme chez nous, toute la famille semble graviter autour d'eux ; c'est au point qu'on ne dit pas d'un enfant c'est le fils d'un tel ; mais bien d'un homme, c'est le père d'un tel. Donc si le Malgache avait présenté son petit garçon au caïman ce n'est pas qu'il eût l'intention de le faire périr : Il comptait bien tuer l'animal avant qu'il ne touchât à son fils ; c'était par suite d'une sorte d'insouciance, d'un manque de prudence qui est la marque des peuples encore à demi sauvages.

LVIII

La création d'une ligne télégraphique entre Tamatave et Tananarive avait été résolue et l'établissement
nous en avait été concédé. Tout ce qui était nécessaire à la construction devait être fourni par le gouvernement français, le gouvernement hova n'ayant à
contribuer en rien à ces travaux. Mais n'était-il pas
absurde de faire venir à grands frais des poteaux de
France, alors que les forêts de Madagascar pouvaient
les fournir si facilement.

M. Joël le Savoureux me chargea de négocier avec
le général-gouverneur du camp de Souadiram, Raini-
mandryamanpandry, un arrangement pour permettre
aux ingénieurs de la Compagnie de prendre, dans les
forêts du royaume, tout le bois qui leur serait nécessaire pour la construction de la ligne, ce qui devait

être une grande économie pour le gouvernement français.

Je fus assez heureux pour mener à bien cette affaire, et je profitai de l'occasion pour battre en brèche, et cela de mon mieux, auprès du général-gouverneur, la prépondérance anglaise, dans la personne du sieur Parrett, anglais naturalisé Malgache, qui trafiquait de toute espèce de choses — argent ou marchandises — et qui n'était pas toujours très scrupuleux dans ses procédés. Il avait trouvé moyen de gagner la confiance du Premier Ministre ; puis il l'avait perdue, puis regagnée, et était enfin devenu son conseiller intime et son âme damnée. J'attaquai aussi, et cela sans plus de scrupule — il suffisait de mettre à nu les faits, — l'influence, non moins néfaste pour nous, du tout puissant Wilhougby, Anglais aussi, général en chef de l'armée hova, qui avait signé le traité du 17 décembre 1885, comme représentant de la reine de Madagascar, et qui nous était complètement hostile. Ce personnage, qui ne reculait jamais devant le mensonge, ne trouva rien de mieux, pour se venger de ce que j'avais dit la vérité sur lui, que d'attaquer mon honorabilité et de répandre sur moi les calomnies les plus noires.

La mission diplomatique envoyée en France par le gouvernement de la reine était ainsi composée :

RAINIHAROVONY, *15e honneur*, Ministre de la guerre, Ambassadeur extraordinaire et Ministre plénipoten-

tiaire de S. M. la reine de Madagascar près le gouver·
nement de la République française.

Ratsimanohatra, *14ᵉ honneur,* Officier du palais,
chef d'état-major du Ministre de la guerre.

Rasanjy, *13ᵉ honneur,* membre du Conseil privé,
Secrétaire de Son Excellence le Premier Ministre,
Commandant en chef de Madagascar.

Marc Rabibisoa, *12ᵉ honneur,* membre du Conseil
privé, interprète de Son Excellence le Premier Ministre.

Rabanoma, *12ᵉ honneur,* Aide de camp du Ministre
de la guerre.

Dafine, *11ᵉ honneur,* Docteur de l'ambassade de
S. M. la reine de Madagascar.

Razafindralambo, *11ᵉ honneur,* Secrétaire de l'ambassade de S. M. la reine de Madagascar.

Rainizanabololona, *10ᵉ honneur,* Secrétaire de
l'ambassade de S. M. la reine de Madagascar.

Ravelo, *9ᵉ honneur,* trésorier de l'ambassade.

Varalahy, domestique.

Ce Rainiharovony, chef de l'ambassade, était le
fils du Premier Ministre, celui-là même qui, lors de
ma première séance chez la reine, avait été chargé de
m'attacher les mains, qui me les avait serrées à ou-
trance et même, je peux dire, avec une certaine féro-

cité. Il n'était pas positivement méchant ; mais c'était un homme grossier qui avait conservé en partie les mœurs sauvages de ses ancêtres. Il s'adonnait à la boisson et il a fini par mourir d'excès de toutes sortes. Sans doute à cause de ses aimables qualités, le Premier Ministre avait un faible pour lui, et le préférait à tous ses autres enfants.

LIX

Nous nous embarquâmes sur le *Salazié*. Nous avions avec nous le capitaine de gendarmerie Gaudelette, qui escortait la mission, et M. Suberbie, l'ingénieur dont le nom est bien connu. Il venait d'obtenir du Premier Ministre la concession des mines d'or de la côte ouest de Madagascar.

Cette concession qui est située dans la province de Boïna, occupe un espace considérable. Elle s'étend depuis le fleuve Mahajamba au nord, jusqu'au fleuve Manjaray au sud. Ce fleuve qui ne porte pas le même nom sur tout son parcours, s'appelle vers sa source Mahovava. L'Océan borne la concession d'un côté ; de l'autre elle est limitée par une ligne qui lui donne environ deux cents kilomètres de largeur, tandis qu'elle en a trois ou quatre cents de longueur. Elle est traversée par deux des plus grands cours d'eau de l'île : le Betsiboka et l'Ikopa qui se réunissent dans la baie à l'entrée de laquelle est situé Majunga, et qui ont pris, depuis le commencement de la guerre actuelle, une importance considérable. C'est en effet ces deux fleuves que nos troupes doivent remonter pour gagner le plateau sur lequel est situé Tananarive.

Une ville qui a pris le nom du concessionnaire, Suberbieville, a été créée. C'est là que sont installés les bureaux de l'administration des mines d'or, les magasins, les ateliers ; un service de batellerie a été organisé sur l'Ikopa et sur le Betsiboka pour l'exploitation de ces mines; toutefois, pour toutes sortes de raisons dont le détail serait trop long, l'entreprise de M. Suberbie n'a pas réussi jusqu'à présent. L'occupation de Madagascar par la France changerait sans doute la face des choses.

Bien que le temps fût constamment au beau pendant tout le voyage, le pauvre Dafine, 11e honneur, médecin de la mission, fut très malade. Ses jours même furent en danger un instant. J'avais été chargé de le soigner et j'eus à agir plutôt sur le moral que sur le physique, car l'imagination jouait chez lui un très grand rôle. Il avait en moi une confiance sans bornes, et il m'avait pris d'une si grande amitié que souvent il demandait à m'embrasser. Il me serrait alors sur sa poitrine comme si j'avais été son frère. Quelque touché que je fusse des marques d'affection qu'il me prodiguait, on comprend qu'il fallait que son état m'inspirât une vive

compassion pour que je me prêtasse à de pareilles dé-
monstrations de tendresse. Il avait du reste la larme
facile, pleurait, gémissait, disant qu'il ne reverrait
plus sa femme et ses enfants... Ces sinistres pressen-
timents, heureusement, ne se sont pas réalisés ; il est
retourné à Madagascar ; il a eu le bonheur de revoir
sa femme et ses enfants et la joie de les embrasser.

Comme porteur de la valise diplomatique, j'avais
droit, en arrivant à Marseille, de me faire délivrer, au
chemin de fer, aux frais du Ministère des Affaires
étrangères, un billet pour Paris. Mais cela aurait né-
cessité quelques formalités et je n'avais pas de temps
à perdre ; j'étais bien aise de précéder la mission, afin
de voir le Ministre avant que ceux qui la composaient
lui fussent présentés et de lui remettre la lettre dont
M. Le Myre de Vilers m'avait chargé pour lui. Apprenant, dès mon débarquement, que le rapide était sur le
point de partir, je me hâtai d'y prendre une place pour
laquelle je me fis délivrer un reçu, dont le montant,
soit dit en passant, ne m'a jamais été remboursé. Il
est vrai que je ne l'ai jamais réclamé.

J'avais trouvé à Marseille un télégramme qui me
donnait des nouvelles extrêmement graves sur ma famille ; ma présence à Toulouse était des plus urgentes;
mais je n'hésitai pas cependant à remplir avant tout
ma mission jusqu'au bout. C'est donc très douloureu-
sement impressionné que j'arrivai à Paris. J'étais des-
cendu à l'Hôtel des Iles Britanniques, rue de la Paix.
Après avoir réparé le désordre qu'une nuit de chemin

19.

de fer avait mis dans ma toilette, je me fis conduire au
quai d'Orsay, où je m'étais fait précéder d'une dépêche, annonçant à M. le Ministre des Affaires étrangères mon arrivée à Paris et ma visite. Je fus immédiatement introduit. Je remis entre ses mains la valise
diplomatique ainsi que la lettre de M. Le Myre de
Vilers, dont il me donna un reçu en ces termes :

« Reçu de M. Cazeneuve un pli de Madagascar,
» confié à ses bons soins par M. Le Myre de Vilers

                                    » FLOURENS. »

Après un entretien d'une demi heure à peu près,
pendant lequel je mis le Ministre au courant de la
situation à Madagascar, je pris congé. Il me félicita
avec chaleur, me reconduisit jusqu'à l'escalier, ce
qu'il ne faisait jamais, et me dit que je ne serais pas
longtemps à recevoir la récompense que j'avais si bien
méritée ; mais de la promesse à la réalisation il y a
aussi loin que de la coupe aux lèvres, et je suis encore
à attendre les effets des bonnes paroles de M. Flourens.

Je me rendis ensuite, accompagné de M. Cohn,
préfet de Toulouse, chez M. le Président du Conseil,
auquel il me présenta. — C'était alors M. René Goblet
— Je lui remis la lettre dont M. Le Myre de Vilers
m'avait chargé pour son prédécesseur, M. de Freycinet. Lui aussi me reçut fort bien ; me prodigua les
éloges au sujet de la manière dont j'avais rempli la

mission que je m'étais imposée ; me remercia des services que j'avais rendus ; me fit les plus belles promesses.... qui, de même que celles du Ministre des Affaires étrangères, demeurèrent lettre morte.

Heureusement ce n'était pas par intérêt que j'avais travaillé ; car alors j'eusse été cruellement déçu.

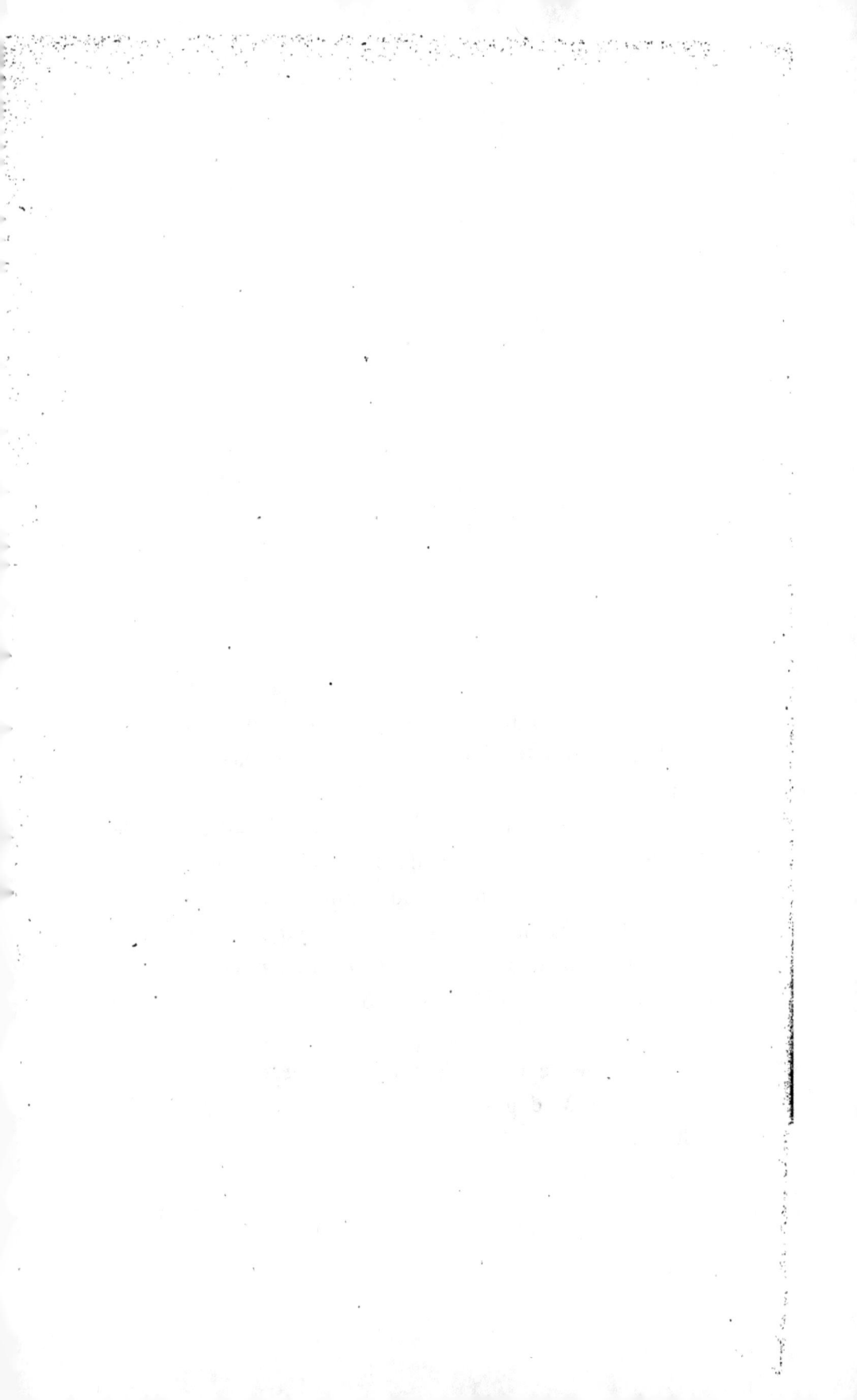

LX

Si j'étais oublié de ceux pour lesquels j'avais travaillé, je ne l'étais pas des autres, je veux dire des
Anglais.

J'étais reparti pour Toulouse, brisé de fatigue et de
douleur ; car une deuxième dépêche, que je reçus à
Paris, m'apprenait un grand malheur de famille. Pour
surcroît de calamités, un terrible accident de voiture,
survenu dès mon arrivée, me tenait pendant près de
quatre mois hors d'état de m'occuper de quoi que ce
fût.

Quand je revins à la santé, j'appris avec indigna-
tion que, à Madagascar, à l'Ile Maurice, à la Réunion,
on faisait courir les bruits les plus calomnieux sur
mon compte.

Voici comment j'en fus instruit :

Le propriétaire du Journal de Saint-Denis, à la Réunion, avait un fils de quatorze ans environ, qui faisait son éducation au collège de Toulouse. Ce jeune garçon venait constamment chez moi et y passait ses jours de congé. Un jour il m'apporta un numéro de ce journal qu'on lui avait envoyé de la Réunion, où je lus cette stupéfiante nouvelle que j'étais en prison. Il s'empressa d'écrire à son père pour qu'il démentît cette infâme calomnie, dont je n'eus pas de peine à deviner l'auteur. C'était évidemment une invention perfide de ce Tecchi, le directeur du *Madagascar Times* avec lequel, à plusieurs occasions, j'avais eu des démêlés. Ce fut du reste aussi l'avis de M. Le Myre de Vilers, dès qu'il en eut connaissance. Le journal de Maurice avait accueilli cette nouvelle avec joie, parce qu'elle était défavorable à un Français, et le journal de la Réunion avec tristesse, par la même raison.

Dès que je fus mis au courant de ces odieuses menées, je courus à Paris : c'était assez de n'avoir pas reçu la moindre marque de satisfaction des services que j'avais rendus ; en être victime c'était trop.

J'allai trouver le Ministre des Affaires étrangères et je lui représentai que je comptais sur lui pour me faire rendre justice ; que si j'avais ameuté contre moi la horde des journalistes anglais, s'ils répandaient sur mon compte le venin de leurs calomnies, c'était pour se venger des déboires que leur avait fait éprouver

l'ascendant que j'avais su prendre sur l'esprit de la
reine et de ses sujets, y compris le Premier Ministre ;
que je n'avais d'autre but, en cherchant à acquérir cet
ascendant que le bien de la France, et que j'avais cru
faire acte de bon citoyen en l'exerçant. En tous cas,
puisque c'était en raison d'actes officiels que j'avais
été attaqué, c'est officiellement que je voulais être défendu.

M. Flourens fit droit à ma réclamation. Il donna des
instructions diplomatiques à nos représentants à l'Ile
Maurice, à la Réunion ainsi qu'à M. Le Myre de
Vilers, à Madagascar, afin qu'ils fissent démentir les
bruits que l'on avait répandus sur mon compte. Les
journaux qui avaient publié ces calomnies insérèrent
une note disant qu'ils regrettaient sincèrement de
s'être fait les échos de fausses nouvelles qui portaient
atteinte à mon honorabilité, ils me présentaient leurs
excuses personnelles et louaient mon patriotisme et
mon désintéressement.

LXI

L'un des membres de la mission malgache envoyée
en France, avait reçu secrètement des instructions de
la reine relatives au projet que nous avions élaboré
ensemble, pour réclamer la protection de la France et
empêcher ainsi les Anglais de faire main-basse sur
l'île. Mais la tentative d'ouverture qu'il fit à ce sujet,
ne reçut pas l'accueil que la reine avait espéré. Peut-
être la question fut-elle mal présentée ; peut-être
aussi faut-il attribuer cet échec aux manœuvres du
chef de l'ambassade, Rainiharovony, le fils du Premier
Ministre, qui, tout en protestant de sa bonne foi, de
ses sentiments d'amitié pour la France, cherchait
secrètement à négocier avec l'Angleterre afin que le
pouvoir de son père fut maintenu et consolidé par
l'établissement des forces anglaises à Madagascar.

Les Anglais s'y seraient installés, au mépris du traité du 17 décembre 1885, soutenus par le Premier Ministre qui a toujours refusé de se conformer aux obligations de ce traité. On aurait alors fait disparaître la reine, et nos adversaires auraient établi — en attendant mieux — leur protectorat sur toute l'île. A plusieurs reprises j'avais mis la reine en garde contre ce danger et c'est pourquoi elle avait chargé un des membres de la mission de pressentir le Ministre des Affaires étrangères à ce sujet ; mais c'était une grosse question ; il pouvait en résulter des complications avec l'Angleterre et en tous cas une déclaration de guerre avec les Hovas. Peut-être jugeait-on que le moment n'en était pas encore venu. Il est vrai qu'on n'a fait que reculer pour mieux sauter puisqu'il a bien fallu en arriver là.

Ici se termine le récit des évènements relatifs à Madagascar, auxquels je me suis trouvé mêlé. Si à cause de la manière dont je les ai présentés, on était tenté de les croire inventés ou arrangés à plaisir, on se tromperait complètement.

Il n'y a pas un fait, pas un mot que je ne puisse appuyer de documents officiels, de pièces portant les signatures des personnes dont j'invoque le témoignage. Ce n'est pas un roman ; c'est de l'histoire.

CHARTRES, IMPRIMERIE GARNIER

www.ingramcontent.com/pod-product-compliance
Lightning Source LLC
Chambersburg PA
CBHW071629270326
41928CB00010B/1840